von Walther

Rationelle Hünerzucht und Mastung oder

Mitteilungen der Art und Weise, wie aus der Geflügelzucht mit nur geringen Kosten 200-300 Prozent, ja selbst bei größter Vervollkommnung der Anlage noch bedeutend höhere Prozente erzielt werden

von Walther

Rationelle Hünerzucht und Mastung oder
Mitteilungen der Art und Weise, wie aus der Geflügelzucht mit nur geringen Kosten 200-300 Prozent, ja selbst bei größter Vervollkommnung der Anlage noch bedeutend höhere Prozente erzielt werden

ISBN/EAN: 9783743450981

Hergestellt in Europa, USA, Kanada, Australien, Japan

Cover: Foto ©ninafisch / pixelio.de

Manufactured and distributed by brebook publishing software
(www.brebook.com)

von Walther

Rationelle Hünerzucht und Mastung oder

Rationelle Hühnerzucht und Mastung,

oder

Mittheilungen

der

Art und Weise, wie aus der Geflügelzucht mit nur geringen Kosten 200—300 Prozent, ja selbst bei größter Vervollkommnung der Anlage noch bedeutend höhere Prozente erzielt werden.

Mit besonderer Hinsicht

auf

die von mir gegründete erste und größte Geflügelzüchterei Deutschlands

für

unternehmende und intelligente Geschäftsleute jeden Standes.

Herausgegeben

von

Walther,

Oekonomie und Fabrikdirector der Fürstlich Thurn und Taxis'schen Besitzungen in Böhmen.

Mit einer lithographirten Zeichnung.

Zweite Auflage.

Berlin, 1861.
Verlag von Julius Springer.

Inhalt.

	Seite
Vorwort	VII
Erster Abschnitt. Allgemeine Bemerkungen über Hühnerzucht, als Einleitung zu der Beschreibung der von mir gegründeten ersten und größten Geflügelzucht und Mastung Deutschlands	1
Zweiter Abschnitt. Spezielle Beschreibung und Grundriß der von mir gegründeten Hühnerzucht-Anlage und Mastung en gros, verbunden mit Gewürmgruben	20
Dritter Abschnitt. Das Cochinchina-, Bramabutra- und Dorkinghuhn, als die sich zur Mastung am besten qualificirenden Hühnerracen	65
Vierter Abschnitt. Die Züchtungsprinzipien der Engländer, die allein zweckmäßigen, nach welchen man mit Vortheil Geflügel züchtet	73
Fünfter Abschnitt. Die gewöhnlichsten Krankheiten des Geflügels und deren Heilung	79
Sechster Abschnitt. Eier- und Federviehhandel und deren Consum	87

Vorwort.

Vorliegende Schrift beschäftigt sich mit einem Zweige der Landwirthschaft, welcher von der Mehrzahl der Landwirthe bisher noch wenig beachtet worden ist.

Es enthält dieses Werk die naturgemäßeste und dabei billigste Fütterungsweise des Huhns, nämlich die Fütterung desselben mit auf künstliche Weise in Gruben erzeugtem Gewürm und mit Fleisch abgängiger Thiere, auf welche Weise durch das Geflügel mit Leichtigkeit 200—300 Prozent, ja sogar bei größter Vervollkommnung der Anlage, 1000prozentiger Reinertrag erzielt werden kann. — Obgleich die Aussage der Erzielung einer 1000prozentigen Rente durch die Hühnerzucht vielsagend und sehr prahlerisch erscheint, so verweise ich doch auf die bisher von mir erzielten und späterhin bei größerer Vervollkommnung der Anlage noch höher zu erzielenden Reinerträge, welche ich in diesem Werke veröffentlicht habe.

Aus diesem Grunde, eben weil den meisten Leuten der Inhalt einer Schrift über „rationelle Hühnerzucht" nach dieser Methode lügenhaft erscheinen möchte, fand ich mich zur Herausgabe dieses Werkes veranlaßt, um die Landwirthe auf die Geflügelzucht aufmerksam zu machen und durch die in diesem Buche enthaltene Beschreibung und Planzeichnung der von mir gegründeten großen Geflügelzucht und Mastung — der ersten und größten in Deutschland — zu überzeugen, welcher hohe Gewinn auf die angegebene Methode von mir durch die Geflügelzucht erzielt wird.

Die in vorliegender Schrift angeführte Futterungsmethode mit in Gruben künstlich erzeugtem Gewürm kann während der heißen Jahreszeit in der größten Ausdehnung ins Leben gerufen werden; in den kalten Jahreszeiten ist dieselbe jedoch nur schwierig und dennoch nicht sicher zu bewerkstelligen und thut man daher wohl, Fleischfütterung von abgängigen Thieren mit in Anwendung zu bringen. — Je größer nach der hierin angegebenen Methode eine Hühnerzucht und Mastung eingerichtet wird, um so billiger ist solche verhältnißmäßig. — Außer für das Haushuhn eignet sich die Futterung mit Gewürm und Fleisch vorzugsweise noch für den Fasan, das welsche Huhn, die Ente und die Gans.

Dieses Buch enthält die Züchtungsprinzipien, nach denen die Engländer nicht nur die befriedigendsten Resultate erzielt haben, sondern noch fortwährend erzielen — und nach denen man nur allein mit Nutzen züchten kann.

Sollte daher dieses Buch günstig aufgenommen werden, so werde ich mich dazu entschließen, ein umfassenderes, größeres Werk über Enten-, Gänse-, Hühner- und welsche Hühnerzucht, sowie über Fasanenzucht in verschiedenen Heften, von welchen jedes die Zucht eines dieser Geflügelsorten enthalten wird, zu veröffentlichen.

Außerdem soll dieses Buch zeigen, daß die Geflügelzucht vorzugsweise dann sehr hoch rentirt, wenn damit Geflügelmastung verbunden wird, da wir die Zeit schon hinter uns haben, in welcher die Züchtung und der Verkauf der verschiedenen Hühnerracen ein rentables Geschäft war. — Es handelt diese Schrift daher nicht von den verschiedenen Sorten der Hühner, sondern nur von der Cochinchina-, Bramabutra- und Dorkingrace, welche drei Abarten sich vorzugsweise zur Mastung eignen, und daher von mir in großer Menge gezüchtet werden.

Noch bemerke ich, daß das Manuscript dieser Schrift den berühmten englischen Züchtern John Baily zu London, Punchard zu Bluntshall bei Haverhill in Suffolk und Nolan zu Dublin, welche mir persönlich bekannt sind, zur Ansicht von mir übersendet worden und diese sich darüber sehr günstig geäußert haben.

Noch glaube ich ausdrücklich bemerken zu müssen, daß die Erzeugung von Gewürm in mit Blut begossenen Erdhaufen schon sehr lange bekannt ist, daß es außer den in dieser Schrift angeführten Stoffen, welche von mir zur Gewürmproduction angewendet werden, jedenfalls noch viele andere zum Theil sehr billige und wenig benutzte Stoffe geben mag, die man zur Erzeugung von Gewürm verwenden kann, und die zur Zeit noch nicht dazu verwendet werden, die aber niemals zweckmäßiger befunden werden können, als die von mir in diesem Schriftchen angegebenen, da mit Hülfe dieser Stoffe und in Verbindung mit Fleischfutterung es möglich ist, für jede beliebige Anzahl von Geflügel die tägliche Nahrung bedeutend billiger, als wenn man Gerste futtert, zu beschaffen.

Die Würmer-Erzeugung ist nichts Neues mehr, wohl aber die Futterung des Geflügels mit Pferdefleisch u. s. w., und ist es daher nicht meine Absicht, die erstere als etwas Neues erscheinen lassen zu wollen; wohl aber ist diese von mir gegründete erste Anlage ein in die Geschäftswelt tretendes neues und in hohem Grade einträgliches Etablissement.

Möge dieses Büchlein von allen denen, welche die Geflügelzucht im Großen betreiben wollen, fleißig benutzt werden, alsdann wird es auch seinen Zweck nicht verfehlen, im Gegentheil vielmehr zeigen, daß das Huhn durch eine verständige Zucht die Quelle eines großen Ertrages werden kann. Sollte aber so manches Mangelhafte darin vorgefunden werden, so bedenke man, daß in diesem Zweige der Landwirthschaft bis jetzt noch geringe Fortschritte gemacht worden sind, und die Hühner-, resp. Geflügelzucht aus diesem Grunde noch vielseitiger Verbesserungen bedarf. Auf diese Weise glaubt sich bei Herausgabe dieses Werkchens gerechtfertigt

der Verfasser.

Erster Abschnitt.

Allgemeine Bemerkungen über Hühnerzucht, als Einleitung zu der Beschreibung der von mir gegründeten ersten und größten Geflügelzucht und Mastung Deutschlands.

Daß das Huhn durch eine verständige Zucht die Quelle eines großen Ertrags — ja eines Ertrags, wie solchen bei so geringem Anlage- und Betriebskapital und bei so geringem Risico nicht leicht ein anderer Zweig der Landwirthschaft abgeworfen hat, noch einbringen wird — werden kann, und daß die von mir gegründete Geflügelzüchterei bei einem Grund- und Betriebskapital von nicht ganz über 14,000 Thlrn. im Jahre 1858 mit circa 34,000 Thlrn. Netto-Ertrag abgeschlossen hat, dies zu beweisen und so darzustellen, daß es jedem Geschäftsmann — selbst wenn er Landwirthschaft nie betrieb — einleuchtend sein muß, soll in nachstehender Schrift als Zweck zu Grunde gelegt sein.

Wenn das Huhn, welches sowohl durch sein Fleisch als auch vorzüglich durch seine Eier höchst werthvoll erscheint, noch nicht so ausgedehnt gezüchtet wird, wie es in der That verdient, so ist besonders die Kostbarkeit des Körnerfutters, welches man demselben reicht, daran Schuld, sowie auch die Ansicht fast aller Landwirthe, daß nämlich ein so unbedeutender Zweig der Landwirthschaft niemals bedeutenden Reinertrag gewähren könne — eine Ansicht, die allerdings grundfalsch ist — hierin bis auf die Gegenwart sehr hinderlich in den Weg getreten ist.

Allerdings theile ich ganz und gar die Ansicht, daß nämlich die Verabreichung des Körnerfutters an das Geflügel, namentlich bei den hohen Preisen in den letztverflossenen Jahren, viel zu kostspielig ist; ich werde jedoch beweisen, daß selbst bei einem Preise von 1½ Thlr. pro Berliner Scheffel Gerste die Geflügelzucht noch mindestens soviel Prozente Netto-Ertrag gewährt, als durch die übrigen Zweige der Landwirthschaft in der Regel erzielt wird, obgleich ich zu einer Geflügelzucht im Großen, bei Verabreichung von Körnerfutter an das Geflügel, Niemand rathen möchte und auf diese Weise auch nicht mehrere Hundert Prozent Netto-Ertrag durch die Geflügelzüchterei zu erzielen sind.

Ich kann jedoch hierbei nicht umhin mich sehr zu wundern, wie man in jetziger Zeit, wo jeder Geschäftszweig unendlich gehoben und fortgeschritten ist, noch nicht eine zweckmäßigere Futterungsmethode für die Hühner als diejenige mit Gerste — die allerdings nicht ganz umgangen werden kann, jedoch aber höchst spärlich verabreicht wird — zur Anwendung gebracht hat, da doch die Methode, Gewürm in Gruben durch Aufeinanderschichten gewisser Stoffe, die größtentheils sehr billig zu beschaffen sind, zu erzeugen, durchaus keine neue mehr ist und in mehrfachen Schriften Abhandlungen darüber mir zu Händen gekommen sind.

Allerdings kann im kleinen Maßstabe angelegt, die künstliche Gewürm-Erzeugung nicht so hohe Rente gewähren, als wenn dieselbe für eine große Geflügelzucht in umfangreicher Weise etablirt wird; allein, obgleich die Gewürmproduction in dazu eingerichteten Gruben öfter in landwirthschaftlichen Schriften berührt worden ist, so weiß ich doch den Grund nicht, weshalb sich bis jetzt nicht mehr Geschäftsleute diesem im höchsten Grade rentabeln landwirthschaftlichen Zweige hingeben und sind mir zur Zeit nur zwei derartige große Anlagen in Deutschland bekannt, wovon die eine im Herzogthum Holstein befindlich und die andere von mir gegründet ist. Der Umstand, daß die Gewürm-Erzeugung im Winter allerdings schwer ausführbar ist, mag hieran Schuld haben, allein, da man überall Abdeckereien in nicht zu großer Entfernung vorfindet, ja oftmals das Fleisch abgängiger Thiere gar nicht weiter benutzt, sondern es nur unter Düngererde bringt, dieses aber stets ein sehr gutes Hühnerfutter abgiebt, so läßt sich mit Hülfe derartigen Fleisches, selbst für eine bedeutende Hühnerzucht, die Gewürm- und Fleischfütterung das ganze Jahr hindurch recht gut ausführen.

Im Sommer wird bei anhaltendem sehr warmen Wetter und bei großer Anzahl von Gewürmgruben ein Ueberfluß an Gewürm öfters eintreten; alsdann läßt man dasselbe sich verpuppen, bringt es in große verpichte Tonnen und kann es so bis zu einer Jahreszeit aufheben, in welcher Mangel an diesem Futterungsmaterial eintritt; ebenso kann man bei eintretendem Ueberfluß von Fleisch abgängiger Thiere, dasselbe — nachdem man es zuvor mit Holzessig bestreicht — in verpichten Tonnen bis zur Winterszeit aufbewahren, um es zu füttern, wenn Mangel an dem Gewürm eintritt.

Wohl muß man daher annehmen, daß jene Schriften, welche die künstliche Gewürmproduction in Gruben durch Aufeinanderschichtung und Behandlung gewisser Stoffe berührt haben, des Durchlesens nicht gewürdigt worden sind und aus diesem Grunde entschloß ich mich daher, von mehreren Seiten dazu dringend aufgefordert, vorliegendes Werkchen, in welchem ich mir vor Allem Kürze, aber Verständlichkeit zum Ziel setzte, im Druck erscheinen zu lassen.

Wie ich schon oben anführte, ist als ein Haupthinderniß der Geflügelzucht im Großen vornämlich der hohe Preis des Körnerfutters zu betrachten.

Beobachtet man aber mit Aufmerksamkeit den natürlichen Trieb des Huhns, so wird man bemerken, daß es mit viel größerer Begierde Fleisch, und namentlich Würmer und Insekten frißt, als Körner. Auf jene Nahrung ist es auch in seinem wilden Zustande hauptsächlich angewiesen gewesen. Seine ärgerliche Gewohnheit, den Boden aufzuscharren, hat blos den Grund darin, daß es Gewürm resp. Larven desselben, nicht aber Körner aufsucht, und wenn es auch die Naturforscher in die Klasse der körnerfressenden Vögel bringen, so muß man es doch nach seinem natürlichen Instinkt als entschieden fleischfressend betrachten. Daß sich das Huhn wenigstens von Beidem, nämlich von fleischigen Theilen und Körnern ernähren kann und sich von rein körnerfressenden Vögeln wesentlich unterscheidet, ersieht man sehr genau an der Beschaffenheit des Schnabels, der Krallen und der Magenhaut.

Die Wissenschaft als Kind widerspricht hierin allerdings der Natur, als seiner Mutter; allein, daß es wirklich so und nicht anders ist, davon kann man sich jederzeit sofort durch den Augenschein überzeugen; man braucht ja nur junge, nackte, aus dem Neste genommene Sperlinge und zugleich gute Gerste (das gewöhnliche Hühnerfutter) den Hühnern vorzuwerfen, und wird jedesmal finden, daß dieselben die nackten Sperlinge oder überhaupt Fleisch mit maßloser Gier sogleich verschlingen, und dann erst, wenn sie der Hunger noch dazu triebe, die gute Gerste fressen werden.

Es ist unbestreitbar, daß das Huhn sich von Körnern nähren kann und wirklich nährt — denn mit Körnern ernährt es ja heut zu Tage fast ein Jeder — aber es ist ebenso unbestreitbar, daß es sich dann nur von Körnern ernährt, wenn ihm Fleisch oder Insekten fehlen.

Ein mittelstarkes, fruchtbares Huhn kann mit circa 4 Loth Körnern pro Tag ernährt werden; es ist hierbei das

Gerstenkorn als das gebräuchlichste Hühnerfutter zum Maßstabe von mir angenommen worden. — Nimmt man jedoch den Berliner Scheffel Gerste zu 1 Thlr. 15 Sgr. an, so glaube ich einen nicht zu geringen Preis zu berechnen, bei welchem der Ertrag der Hühnerzucht, selbst bei bloßer Körnerfütterung, immer noch eine Rente abwirft, wie solche bei den übrigen Zweigen der Landwirthschaft kaum erzielt wird. Bei 4 Loth täglichen Körnerfutters würde für ein Huhn zu obigem Preise circa für 28 Sgr. 8 Pf. Gerste für ein Jahr nöthig sein.

Ein Huhn, wenn es während der Legezeit einigermaßen fleißig legt, bringt jährlich wenigstens 2 Schock Eier = 120 Stück (diese Annahme findet bei jedem nur einigermaßen fruchtbaren Huhne durch die Wirklichkeit Bestätigung), welche 2 Schock Eier durchschnittlich mit 16 Sgr. pro Schock, also im Ganzen für 1 Thlr. 2 Sgr. recht gut verkauft werden können. Ich glaube hier wenigstens nichts Unwahrscheinliches angenommen zu haben, und sollte glauben, daß eher 1½ Thlr. als hoher Preis für 1 Berliner Scheffel Gerste, als vielmehr 16 Sgr. als zu hoch für 1 Schock Eier veranschlagt sein dürfte. — Es würde demnach, wenn ein Huhn jährlich nur 1 Sgr. Reinertrag gewährt, schon mindestens mit 6 Prozent sich verwerthen, indem ein Huhn höchstens 15 Sgr. (sehr hoher Preis) kostet.

Allein bei anderer, der rationellen Landwirthschaft mehr entsprechender Fütterungsweise kann dieselbe sehr beträchtlich erhöht werden und dies um so mehr, je bedeutender die Geflügelzüchterei und Mastung ins Große betrieben wird.

Auf der von mir eingerichteten derartigen Anlage — der ersten und größten dieser Art in Deutschland — werden zur Zeit an 5000 Stück legbare Hühner gezüchtet; angenommen nun, es würden daselbst zu jeder Zeit gerade 3000 Stück legbare Hühner gezüchtet, also daß diese runde Summe, der leichtern Berechnung halber, immer vollzählig sei, so würden allerdings bei 1 Sgr. Jahresrente pro Stück nur 100 Thlr. Reinertrag erzielt werden, und würde ich alsdann Jedem abrathen, sich diesem landwirthschaftlichen Zweige hinzugeben. — Allein, wenn dem Besitzer einer Geflügelzucht-Anlage von 3000 Stück legbaren Hühnern selbst das Gerstenfutter pro Stück 28 Sgr. 8 Pf. pro Jahr kommt, und er alle sonstigen Ausgaben, bestehend in dem Ankaufskapital für 3000 Stück Hühner, Zinsen des Grund- und Betriebkapitals sehr hoch berechnet, und seine 6000 Schock Eier, welche er von 3000 Stück legbaren Hühnern erhalten hat, bis gegen Weihnachten hin aufbewahrt und gegen Fäulniß schützt — weiter unten werde ich die Conservation der Eier gegen Fäulniß genauer mittheilen — so wird es ihm nicht schwer werden in einer Stadt, wie z. B. Berlin, 1½ Thlr. pro 60 Stück Eier als Preis zu erzielen. 6000 Schock Eier als der Ertrag von 3000 Stück Hühnern, à Schock 1½ Thlr. = 9000 Thlr. wird Jedem einleuchtend sein, daß bei den höchsten Annahmen von Grund- und Betriebskapital, Zinsen, Wärterlohn, Verlusten, Futterpreisen und überhaupt aller Ausgaben, dennoch gewiß ein hoher Reinertrag übrig bleiben würde.

Es liegt jedoch nicht in meiner Absicht, mich bei Berechnung einer auf Körnerfütterung basirten Geflügelzüchterei aufzuhalten, und übergehe daher diese Berechnung, indem ich weiter unten nur zu deutlich zeigen werde, auf welche Art und Weise die Geflügelzucht mehrere hundert Prozent, ja sogar tausend Prozent ganz sichere jährliche Rente gewährt.

Also auch bei Körnerfütterung kann die Hühnerzucht, sobald sie nur sachgemäß betrieben wird, ein lohnender Geschäftszweig werden. — Noch mehr aber wird sie dies, wenn man die Hühner mit auf künstliche Weise erzeugtem Gewürm oder Larven von Insekten und mit Fleisch füttert.

Wie ich ebenfalls schon oben erwähnte, ist dieses Verfahren nicht mehr neu, gleichwohl scheint es noch wenig bekannt zu sein. — Schon im vorigen Jahrhundert schwang sich ein heruntergekommener französischer Landwirth durch diese Methode wieder zu großen Reichthümern empor.

In der That bietet auch die Ernährung der Hühner durch Fliegenlarven, die in Gewürmgruben erzeugt werden, die allergrößten Vortheile dar. — Das Geflügel liebt die Larven der Schmeißfliege sehr; die nur allein mit denselben gefütterten Hühner werden kräftig und bekommen ein sehr glänzendes Gefieder; ein sicheres Zeichen des Wohlbefindens und kerniger Gesundheit.

Das Futter ist auch dem Geschmack derselben so zusagend, daß sie selbst das beste Kornfutter nicht anrühren, so lange sie Fliegenlarven oder Fleisch haben. — Achttägige Hühnchen können schon allein damit ernährt werden. — Das Futter macht sie groß und stark, sie entwickeln sich daher schneller und bleiben, worauf besonders hoher Werth zu legen ist, von Jugendkrankheiten viel mehr verschont, als dies bei anderem Futter der Fall ist. — Von 580 Stück junger Hühner, die im Sommer 1854 von mir aufgezogen wurden, starben ausnahmsweise nur 11 Stück und von circa 1300 Stück im Jahre 1855 gezogener junger Hühner starben blos 38 Stück, also noch nicht volle 3 Prozent, gewiß ein unbedeutender Verlust, und jetzt, wo jährlich circa 40,000 Stück junges Geflügel zur Mastung aufgezogen wird, ist dieser Verlust über 10 Prozent pro Jahr noch nie gekommen. — Diese Verluste mit denen verglichen, welche alljährlich unter den auf gewöhnliche Weise erzogenen Hühnchen entstehen, differiren oft um 30 und mehr Prozente und kommt es oft genug vor, daß bei geringer Sorgfalt nicht 10 bis 20 Prozent das erste Lebensjahr als kräftige Individuen erreichen und sich der Verlust also auf 50 Prozent beläuft. — Es ist dies keineswegs Uebertreibung, sondern feststehende und leider nur zu häufig vorkommende Thatsache, und kann auch, selbst wenn auch wirklich die Ursachen dieses großen Verlustes nicht in der Fütterungsmethode zu suchen sein sollten, nicht gut anders sein, indem zur Heranzucht jungen Geflügels und überhaupt zur Betreibung der Hühnerzucht im Großen ein für sich abgeschlossener Hof, auf dem kein Wagen fährt, kein Stück Vieh und dergl. kommt, als eine der ersten Bedingungen oben ansteht. — Denn jede Hausfrau wird wohl wissen, wieviel junge Hühner, ehe solche jährig werden, durch Dienstboten in den Ställen erschlagen, gefangen und heimlicherweise mit nach Hause genommen und verspeist werden, oder wieviel auf Wirthschaftshöfen todt gefahren, getreten und durch Hunde und Katzen gefressen werden.

Wenn man nun die Absicht hat, das Geflügel mit Gewürm zu füttern, so muß man zu diesem Zwecke Gruben auswerfen und auspflastern, oder da man derartige Gruben bei einer großen Hühnerzucht und Mastung mehrere haben muß, so thut man am besten, wenn man einen 3 Fuß tiefen Graben auswerfen läßt, dessen Boden gepflastert wird. Die Seitenwände maure man jedoch so glatt wie möglich, oder verwende dazu, wo man es haben kann, Steinplatten und richte es so ein, daß sich die Umfangsmauer oben etwas über den Erdboden erhebt, und damit die sich bildenden Larven nicht entfliehen können, sehe man darauf, daß die Umfangsmauern glatt abgeputzt werden. — Diese Gruben bedeckt man, wie man nun glaubt am billigsten dazu zu kommen, mit einem Dach und rathe ich einem Jeden, der solcher Gruben mehrere auf einmal anlegen will, dieselben dicht neben einander zu errichten, und zwar so, daß sie nur durch eine dünne Mauer je von einander geschieden und mit einem gemeinschaftlichen

Dach überdacht sind, indem man auf diese Weise nur bei den beiden Gruben, die am Ende befindlich sind, die Umfangsmauern bis unter das Dach aufzubauen hat, während bei allen übrigen nur an der Vorder- und Hinterseite Mauern bis zur Dachung aufzuführen nöthig ist. 4½ Fuß Höhe ist hinreichend als Höhe der Umfangsmauern bis zur Bedachung, und kommt es überhaupt so genau gar nicht auf das von mir angegebene Maß an. Eine Bedachung jedoch ist unerläßlich nothwendig, indem Frost und Regen der vollkommenen Entwicklung der Larven sehr hinderlich sind. — In der Längenseite der Umfangsmauern muß für jede einzelne Grube eine Thür — wo möglich nach der Mittag- oder Abendseite zu — angebracht sein, oder wenn man dies für zu kostspielig halten sollte, könnte man sich bei 20 aneinander grenzenden Gruben, wie dies bei der von mir gegründeten großen Geflügelzüchterei der Fall ist, mit 3 Thüröffnungen begnügen, von denen je eine in die beiden Endgruben und die dritte in die in der Mitte befindlichen Gruben führt, und man, da die innerhalb der Gruben liegenden Unterschiedsmauern sich etwa nur ½ Fuß hoch über die Erdoberfläche erheben, durch übergelegte Brettstücke nach allen Gruben mit Leichtigkeit gelangen kann. — Ich halte es sogar für zweckmäßiger, wenn man bei z. B. 20 solchen Gruben nur 3 Eingangsthüren hat, indem im Winter alsdann die Kälte leichter abgehalten werden kann, sowie ich aus diesem Grunde auch die unansehnlichere Strohbedachung jeder andern Bedachungsart vorziehe. — Die Größe der Gruben richtet sich nach der Menge der benöthigten Larven, sowie man derer bei großer Federviehzucht auch mehrere anlegen muß, um stets Larven zu haben, die vollkommen entwickelt sind.

In Folgendem habe ich die Kosten einer solchen Grube zur Larven-Erzeugung zusammengestellt. Bei einer Tiefe von

3 Fuß und einem Flächen-Inhalt von 9 Fuß im Quadrat kostet ihre Einrichtung etwa 8 Thlr. — Eine solche Grube braucht man aber nur einmal herrichten zu lassen, und hat für die spätere Benutzung nur nöthig, sie so oft von den zur Würmer-Erzeugung nöthigen und in Verwesung übergegangenen Stoffen reinigen und mit neuen, noch nicht gebrauchten Stoffen füllen zu lassen, als man die Absicht hat, Gewürm zu erzeugen. — Die Würmergrube wird nun gebildet aus:

1) feinem Häcksel von Roggenstroh, etwa ½ Fuß dick, auf dem ausgemauerten Boden der Grube ausgebreitet = 30 Pfd. . . . . — Thlr. 12 Sgr.
2) eine 1 bis 2 Zoll dicke Lage von unvermischten Darm-Excrementen der Pferde darüber ausgebreitet . — ″ 5 ″
3) eine zolldicke Lage von guter, fein gesiebter Erde . . . . — ″ 4 ″
4) darauf werden ausgebreitet eine zolldicke Schicht von Malzabgängen (sogenannten Trabern) aus der Brauerei . . . . — ″ 8 ″
5) darauf werden gegossen circa 4 Pfd. verdorbenes Thierblut aus Schlächtereien, oder besser noch die Eingeweide geschlachteter oder gefallener Thiere, nebst anderen unbenutzt bleibenden Fleischabfällen — ″ 4 ″
6) sodann eine zweite Schicht dieser sämmtlichen Stoffe in derselben Reihenfolge aufeinandergeschichtet . 1 ″ 3 ″

Summa 2 Thlr. 6 Sgr.

Hierbei muß ich jedoch bemerken, daß man den Häcksel fast immer zweimal zur Würmerproduction benutzen kann, und daß man die übrigen Stoffe fast immer billiger beschaffen kann, als ich angegeben; auch habe ich absichtlich etwas hohe Preise dieser zur Gewürm-Erzeugung nöthigen Stoffe berechnet, um mich nicht des Vorwurfs auszusetzen, daß die von mir angenommenen Preise zu niedrig seien, und werde weiter unten dennoch zeigen, daß bei der von mir angegebenen Methode die Hühnerzucht mit mindestens einigen hundert und verbunden mit großer Mästung junger Hühner, oder großer Kapaunerie von einem großen Schlag Hühner selbst mit tausend Prozent jährlich rentirt.

Was nun die Anlage- und Unterhaltungskosten der Würmergruben anbetrifft, so erfordern dieselben allerdings mannigfache Sorgfalt; die dazu verwendeten Stoffe dürfen nicht zu fest aufeinandergeschichtet werden; die Luft muß zwischen ihnen zirkuliren können; gießt man zu viel Blut hinzu, so wird die Masse zu feucht und die Larven entwickeln sich nicht oder sterben, bevor sie die gewünschte Größe erlangt haben; bringt das Wasser oder Regen hinzu, so geschieht dasselbe. Ebenso hat man trotz der Bedachung im Winter, und auch in den kalten Frühjahrs- und Herbsttagen durch Ueberbreiten von Strohdecken, dieselben vor Frost zu schützen, indem gefrorene Materialien nie in Verwesung oder Gährung übergehen können.

Aus diesem Grunde ist auch die Heizung der Gewürmgruben sehr zweckmäßig, indem man bei sehr strengen Wintern sonst Gefahr laufen würde, wochenlang kein Gewürm zum Füttern zu haben, wenn man nicht etwa bei Ueberfluß in der heißen Jahreszeit nach oben angeführter Weise die Puppen der Insekten gesammelt und für den Winterbedarf conservirt hat. Allerdings kommt die Heizung da, wo selbige nur der Geflügelzucht halber stattfinden muß, ziemlich theuer zu stehen, während dieselbe auf der von mir gegründeten Geflügelzüchterei nur geringe Kosten verursacht, indem ich dazu den Retourdampf der nach der entgegengesetzten Seite hin angrenzenden Zuckerfabrik, nachdem derselbe dort nicht mehr verwendet werden konnte, in Röhrenleitung durch sämmtliche Geflügelstallungen und das Haus der Gewürmgruben hindurchleite, und durch ein Ventil beliebig ab= und anstellen kann.

Hinsichtlich der Bildung solcher Gewürmgruben sehe ich mich genöthigt noch Folgendes zu bemerken:

Es sind öfters aus verschiedenen Gegenden Anfragen an mich ergangen, ob die Production von Gewürm denn auch während des Winters möglich sei. — Aus allem Vorhergehenden geht klar und deutlich hervor, daß dies wohl möglich, aber während des Winters höchst schwierig auszuführen ist. — Ich rathe daher zur Ansammlung von verpuppten Insektenkörpern während des Sommers in Gruben für den Winterbedarf, oder zur Fleischfütterung abgängiger Thiere, das man ebenfalls, wie ich schon angeführt habe, bis zum Winter conserviren kann, resp. zum Ankauf desselben in Abdeckereien.

Auch selbst hinsichtlich der Production von Gewürm auf obige Weise sind einigemal Mittheilungen an mich ergangen, daß dieser Prozeß nicht geglückt sei. — Ich kann aber sagen, daß die Erzeugung von Gewürm eine sehr naturgemäße ist, und während des Sommers sehr oft ohne besonders große Beihülfe zu geschehen pflegt; wiewohl ich bemerken muß, daß mir in meiner Anfangsperiode dieses neuen, noch sehr wenig bekannten Geschäftszweiges die Versuche sehr oft und zum Theil gänzlich mißlungen sind, daß dies mich aber keineswegs davon abhielt, sondern mich nur um so mehr anfeuerte.

Ich kann daher nicht leugnen, daß hierbei ein Soetwas nöthig ist, was ich in Worten nicht wiederzugeben vermag, oder wenn ich mich kurzgefaßt ausdrücken soll, daß hierbei, wie bei allen Geschäftszweigen, die Theorie nicht ausreicht, sondern daß eine gewisse praktische Erfahrung hierbei unerläßlich nothwendig ist.

Lasse sich dennoch aber Niemand abhalten, denn endlich nach vielfachen Versuchen wird man doch der Sache Meister, denn auch ich habe mehr als zwanzig vergebliche Versuche in diesem Geschäftszweige erlebt.

Die Stoffe, mit welchen die Gewürmgruben, von denen alle Tage einige eingerichtet werden, gefüllt werden, gehen bald in Gährung über und erzeugen eine Menge kleiner Larven, welche aus den Eiern mehrerer Arten von Schmeißfliegen, mehrentheils von grüner, schillerndblauer Farbe entstehen. Diese kleinen Larven, welche zuerst bläulichweiß aussehen und so dick als ein baumwollener Faden sind, wachsen sehr schnell, bis sie eine mehr gelbweiße Farbe angenommen und die Stärke eines mittelmäßigen Strohhalmes erreicht haben. Alsdann enthalten sie einen milchigen, sehr nahrhaften Saft und die Hühner fressen dieselben mit ganz außerordentlicher Gier. Im Sommer entwickeln sich die Larven in 8 bis 9 Tagen vollständig; im Winter währt es jedoch länger und vergehen wohl drei Wochen, ehe eine Grube ihre größte Vollkommenheit erreicht, und hängt diese längere oder kürzere Zeit, die eine solche Grube zu ihrer vollkommensten Ausbildung gebraucht, wie ich schon oben anführte, hauptsächlich von der Beschaffenheit der Temperatur, nämlich ob es warm oder kalt ist, ab. — Zum Zeichen, daß eine Grube ihre Vollkommenheit erreicht hat, dient, wenn die feuchten

Materialien, aus welchen die Gruben zusammengesetzt sind, schwammig trocken geworden sind, und nun ist es Zeit, die Larven an das Geflügel zu verfüttern.

Wie manche Pflanzen, so wachsen, leben und gedeihen die Larven mitten in Gasarten, die uns Menschen und vielen andern Thieren schädlich und selbst tödtlich sind. — Von etwa 15 Tagen an beginnen sie sich in Puppen zu verwandeln; sie werden hart, hornartig und sehen schwarzbraun aus, und auch in diesem Zustande liebt sie das Geflügel als eine ihm am meisten zusagende Speise.

Wie ich schon oben angeführt habe, muß man bei einer großen Geflügelzüchterei mehrere Gruben haben und alle 1 oder 2 Tage oder überhaupt so, wie es das Bedürfniß der Anlage erfordert, eine Grube von Neuem mit den oben angeführten Stoffen füllen, um dadurch zu bezwecken, daß nicht alle Gruben auf einmal zu ihrer Vollkommenheit gelangen und man wo möglich immer vollkommen ausgebildete Larven zur Fütterung bereit hat.

Ich kann jedoch nicht umhin, nochmals mitzutheilen, daß zur Einrichtung der Gruben, um möglichst viel Gewürm zu erzeugen, eine gewisse Praxis gehört, die ich, so gern ich es auch möchte, in Schriften nicht wiederzugeben vermag; ich bitte daher alle, welche Gewürm auf die von mir angegebene Methode in Gruben zur Hühnerfütterung erzeugen wollen, nochmals, sich durch zuerst mißglückte Versuche ja nicht abschrecken zu lassen, indem es mir selbst so ergangen ist, und bezweifle ich gar nicht, daß einem Jeden, der sich damit angelegentlich beschäftigt, die Erzeugung von Gewürm vollkommen gelingen wird. Nur will ich nochmals vor zu großer Nässe warnen, indem bei zu nasser Beschaffenheit der Stoffe sich nie Gewürm erzeugt und es bei zu großer Trockenheit wiederum mangelhaft oder ebenfalls gar nicht producirt wird. —

Dennoch aber müssen die Stoffe der Gewürmgruben eine gewisse Feuchtigkeit in sich schließen und tritt öfters der Fall ein, daß ein Befeuchten derselben mit durch Wasser verdünntes Blut oder wenn dies mangelt, mit reinem Wasser nöthig werden kann.

Von einer 9 Fuß im Quadrat haltenden Grube kann man 2½ bis 2¾ Berliner Scheffel Larven erzeugen und ist bei einer Anzahl von mehreren Tausend Hühnern die Ersparung durch diese Futterungsmethode gegen die von Gerste sehr bedeutend, zumal die Rückstände der Gewürmgruben einen sehr guten Dünger bilden.

Es reicht hin, das Geflügel täglich zweimal mit vollkommen entwickelten Larven zu füttern. Man öffnet zu diesem Zwecke die Thür der Gewürmgrube und wirft mittelst einer Holzschaufel ungefähr das doppelte Maß dessen, was man an Körnern verabreichen würde, heraus, weil die Larven nicht ganz allein gesammelt werden können, sondern stets mit den faulenden Materialien, die zur Gewürmproduction verwendet werden, mehr oder weniger gemischt sind. — 4 Loth Larven genügt, wie ich schon oben anführte, zur vollkommenen Ernährung eines Legehuhnes pro Tag, während Kapaunen oder Hühner, die zur Mastung aufgestellt werden, bei sorgfältiger Fütterung in oftmals sich wiederholenden kleineren Portionen täglich das doppelte Quantum in Larven, Fleisch und Gerste zusammengenommen, erhalten müssen. — Mehr als 4 Loth Larven an 1 Legehuhn pro Tag zu verfüttern, würde jedoch dasselbe fast mästen, aber das Eierlegen vermindern, weil nämlich Larven, sowie alle Fleischabfälle, gut füttern; daher kommt es, daß die Hühner der Schlächtereien, weil sie sich selbst überlassen, zuviel Fleischtheile fressen, in der Regel fett werden, aber wenig Eier legen.

Im Sommer tritt bei einer größeren Anzahl von Gewürmgruben sehr leicht Ueberfluß an Larven ein, während man im Winter Mangel daran haben kann. — Aus diesem Grunde läßt man daher die Larven ganzer Gruben sich verpuppen und reservirt sie in großen verpichten Bottichen bis zur Winterszeit, wo man dieselben alsdann bei eintretendem Mangel an das Geflügel verfüttert. Bei dieser Conservation hat man die Puppen, die übrigens mit den Stoffen vermischt conservirt werden können, vor Frost sowohl, als auch vor großer Hitze zu schützen, muß aber auch dennoch eine Temperatur von circa 6 Grad Réaumur in dem Keller, wo man dieselben aufbewahrt, erhalten.

Auf welche Weise die Larven im Winter in diesen Gruben sich erzeugen, wo es doch keine Fleischfliegen giebt, ist mir bis jetzt mit Gewißheit noch nicht bekannt. — Die Schmeißfliegen leben im Zustande eines vollkommenen Insekts nur so lange, bis sie sich fortgepflanzt haben. — Diese Fortpflanzung geschieht, indem die weibliche Fliege ihre befruchteten Eier in das Fleisch todter Thiere legt, und zwar sogar in die verborgensten Theile derselben. Die Eier sind mit bloßen Augen nicht zu sehen, aber jedenfalls sehr zahlreich vorhanden. Wenn man nun im Winter Würmergruben bildet, wo es doch keine Fliegen giebt, und dennoch sich die Larven erzeugen, so muß man annehmen, daß durch in Gährung übergehende Stoffe, auf uns unbekannte Weise — ähnlich wie Ungeziefer, ohne daß zuvor solches vorhanden ist, durch Unreinlichkeit entstehen kann — hier Larven aus vorher durch die Gährung der Stoffe sich bildenden Eiern, welche durch die entstandene Hitze ausgebrütet werden, entstehen.

Es ist dies allerdings nur eine Muthmaßung und würde ich für den Fall, daß ich irren sollte, gern Belehrung annehmen; übrigens aber ist es für den Geflügelzüchter ganz gleich, auf welche Art und Weise sich die Larven entwickeln, und kann eine weitere Nachforschung nach der im Winter stattfindenden Entstehungsweise dieser Larven nur für den Naturforscher von großem Interesse sein. — Die Selbsterzeugung aus nichts, ohne daß nämlich sich vorher Eier bilden, scheint mir gar nicht einleuchtend, denn nur aus Eiern können Larven entstehen.

Wenn man daher die Gewürmgruben im Winter soviel als möglich warm hält und heizt, so ist man eines guten Erfolges ganz gewiß, und hat nur nöthig, in allem Uebrigen gerade so zu verfahren, als bei denjenigen Gruben, welche man im Sommer einrichtet. Vervollkommnet man die Einrichtungen der Gewürmgruben, so wird es möglich sein — zumal wenn man die Fleischfütterung aus Abdeckereien mit in Anwendung bringen kann — mit Leichtigkeit einen Gewinn von einigen Hundert, ja sogar bei großer Kapaunmastung, Tausend Prozent jährlichen Reinertrag zu erzielen.

Eine zweite sehr vortheilhafte Fütterungsmethode des Geflügels ist die mit Fleisch gefallener Thiere. Leider geschieht es nur zu selten, da man es zur Schweinemästung, wozu es sich vorzugsweise eignet, verwendet. Aber noch besser verwerthet es sich als Hühnerfutter, wie ich durch mit den Ueberresten gefallener Thiere angestellte Versuche in Nachstehendem beweisen werde. — Ein Huhn braucht an Fleisch dasselbe Gewicht, wie an Larven. — Die gefallenen Thiere werden meistentheils um den Werth ihrer Haut verkauft; ja sogar oft geschieht dies nicht einmal und sie verursachen noch Geldkosten, um sie forttransportiren und einscharren zu lassen. Als Geflügelfutter würde also das Fleisch nichts weiter kosten, als das Abdecken und Zubereiten.

— Nimmt man ein todtes Pferd zum Beispiel, so hat dies ein mittleres Gewicht von 700 Pfd.; sein Fleisch ist schwerer als das der Ochsen, seine Abfälle geringer, blos die kothigen Theile können nicht mitgerechnet werden, und diese sind doch zur Herstellung von Würmergruben wieder sehr nutzbar. — Ein todtes Pferd, sonst ohne Nutzen, oder doch wenigstens in sehr geringem Preise, kann also 700 Pfd. Fleisch zu Geflügelfutter liefern, und diese haben einen Gleichwerth von ungefähr 9 Schffl. 4 Mtzn. Gerste, oder nach dem oben angenommenen Preise von 1 Thlr. 15 Sgr. pro Berliner Scheffel = fast 14 Thlr. excl. der Haut.

Wenn ich nun recht gut weiß, daß es nicht immer möglich ist, eine große Anzahl Geflügel mit Fleisch füttern zu können, so ist doch Gewürm- und Fleischfütterung mit einander gemeinschaftlich angewendet, stets möglich, und habe ich daher die Absicht, bei vorkommenden Sterbefällen unter dem Vieh, die Landwirthe darauf aufmerksam zu machen, wie sie die Kadaver ihrer gefallenen Stücke dennoch am besten verwerthen können. — Sollte Jemand Ansteckungen des gesunden Viehes, insbesondere des Geflügels befürchten, der zerlege zuvor die todten Körper der Viehstücke, koche sie in einem großen Kessel und wird auf diese Weise ohne Besorgniß sämmtliches Fleisch gefallener Thiere verfüttern können. Auf diese Weise erhält man noch eine sehr gute Wagenschmiere, welche die Kosten des Kochens, sowie das geringere Gewicht an Fleisch vollkommen bezahlt macht. — Zum Beweis, daß Fleisch ein sehr ausgezeichnetes Futterungsmittel ist, führe ich nur an, daß gewöhnlich die Schweine der Abdecker sehr schwer und fett sind, weil denselben sehr viel Fleisch gefallener Thiere gefüttert wird.

Das Kochen des Fleisches gefallener Thiere ist also einmal des Fettes halber rathsam, dann aber auch werden dadurch die üblen Folgen mancher ansteckenden Krankheiten verhütet, außerdem aber möchte ich es noch um deshalb Jedem, der solches verfüttern will, anrathen, weil nämlich das Geflügel gekochtes Fleisch leichter zu fressen vermag. — Die Hühner zerreißen alsdann sehr gut die Fleischfasern, was bei ungekochtem Fleische ihnen schwieriger wird, und ist es mir zuweilen passirt, daß Truthühner — jedoch Hühner nie — an zerkleinertem ungekochtem Fleisch, welches ihnen gefüttert wurde, erstickt sind.

Wenn das Fleisch in einem Kessel gekocht und in gepichten großen Fässern verpackt wird, so kann man große Vorräthe davon auf lange Zeit hin aufbewahren, also einen zufälligen Ueberfluß davon für eine spätere Zeit nutzbar machen.

Man könnte vielleicht glauben, Fleisch und Eier der mit Larven und Fleisch gefütterten Hühner bekäme einen besondern Beigeschmack. Dies ist aber keineswegs der Fall, im Gegentheil, beide sind von mindestens ebenso guter Beschaffenheit, als solche von Hühnern, die mit Gerste gefüttert werden.

In Vorliegendem habe ich angegeben, wie und auf welche Art man Gewürm durch Aufeinanderschichtung gewisser Stoffe in dazu ausgemauerten Gruben zum Futter für das Geflügel erzielen kann; um nun jedoch die große Rentabilität einer Geflügelzucht und Mastung, verbunden mit Gewürm- und Fleischfütterung, beweisen zu können, will ich hier die Beschreibung der von mir gegründeten großen Geflügelzüchterei nachfolgen lassen, — um durch die Praxis und nicht durch die Schrift — bei rationeller Züchtung und Fütterungsweise die Einträglichkeit der Geflügel- und insbesondere der Hühnerzucht zu zeigen.

Zweiter Abschnitt.

Spezielle Beschreibung und Grundriß der von mir gegründeten Hühnerzucht-Anlage und Mastung engros, verbunden mit Gewürmgruben.

Der dem Buche beigegebene Grundriß ist der, der von mir gegründeten Hühnerzucht-Anlage und Mastung, verbunden mit Vermeriegruben, d. h. Gruben, in denen auf künstliche Weise, durch Auseinanderschichten gewisser Stoffe, Gewürm zur Fütterung des Geflügels erzeugt wird.

Diese Anlage umfaßt nach österreichischem Flächenmaße 2 Joch, und bildet ein auf ebener Fläche liegendes Rechteck. GBCH ist = 2 Joch österreichischem Flächen-Inhalt, und umfaßt die Größe dieser Anlage. — An der einen kurzen Seite dieses Rechtecks ist das Stallgebäude BCDA für sämmtliches Geflügel erbaut; der übrige Theil der Anlage AGHD ist mit einer Mauer umzogen und durch 7 Holzwände, welche parallel mit AG laufen, also durch JQ, KR, LS u. s. w. in 8 ziemlich gleiche Theile getheilt, welche als 8 verschiedene Hofabtheilungen, auf denen das Geflügel gefüttert wird, benützt werden; diese 8 Hofabtheilungen ZQGJ, QRKJ u. s. w. müssen unbedingt berast sein, und wenn dies von Natur nicht der Fall ist, so müssen dieselben mit Grassamen besäet werden, damit sich ein guter, dicht bewachsener Rasen bilde, weil bei jeder Geflügelzucht Rasen unbedingt nothwendig ist, indem die Hühner neben ihrer anderen Hauptnahrung im Sommer, wenn auch nicht viel, doch etwas Gras fressen. Außerdem sind diese Hofabtheilungen ZQGJ, QRKJ u. s. w. mit Obstbäumen bepflanzt und werden als Plantage benutzt. ADXZ ist ein gemeinschaftlicher Vorhof, durch welchen in je durch eine Thür a man in die verschiedenen Hofabtheilungen ZQGJ, QRKJ u. s. w. gelangt. Das Stallgebäude ABCD ist von der Erdoberfläche bis zur Bedachung — nachdem es in Folge der Vergrößerung dieses Etablissements in den Mauern erhöht worden ist — jetzt 13 Fuß hoch, welche Höhe zu diesem Zweck vollkommen hinreichend ist. — Die Mauern dieses Stallgebäudes führe man jedoch nicht massiv, sondern von starkem Erdbau auf, damit dieselben im Winter um so leichter die Kälte abhalten können; ebenso lasse man den Bodenraum mit Lehmschlag und Schalholz und nicht von Brettern machen, und halte ihn stets mit einigen Lagen Stroh bedeckt. — Bei a, a, a u. s. w. sind etwa 2 Fuß hoch von der Erdoberfläche 1½ Fuß hohe und 4 Fuß lange Einsteigelöcher für die Hühner in der Seite AD des Stallgebäudes angebracht. Bei A führt eine Thür in das Stallgebäude und führt in einem 3 Fuß breiten Gange innen an den Seiten AB und BC des Stallgebäudes entlang. Durch diesen Gang gelangt man bei a, b, c, d u. s. w. durch Thüren in die einzelnen Stallabtheilungen. — Ueber diesen Thüren a, b, c, d u. s. w., sowie über den Einsteigelöchern a', b', c' u. s. w. der Hühner und gegenüber den Thüren a, b, c, d u. s. w. in der Außenseite BC des Stallgebäudes sind bei a", b", c" u. s. w. Fenster angebracht, die über den Thüren a, b, c, d u. s. w. allerdings nur halb so groß als die über den Einsteigelöchern der Hühner und in der Außenseite BC des Stallgebäudes befindlichen sind. Durch diese Fenster wird der Eingang und auch sämmtliche Stallabtheilungen mit Licht hinreichend versehen, und werden sämmtliche Fenster, die innen mit starkem Draht überzogen sind, bei großer Hitze im Sommer ausgehängt, um auf diese Weise angenehme, frische und gesunde Luft in hinreichendem Maße eindringen zu lassen. — Der innere Raum des Stallgebäudes ABCD war bei Gründung dieses Etablissements in 8 verschiedene Stallabtheilungen getheilt; erst späterhin, als die Erfahrung mich lehrte, daß die Hühner während des Legens lieber im Dunkeln und geräuschlos sich aufhalten, habe ich neben jeder dieser Stallabtheilungen noch je ein sogenanntes dunkles Gemach einrichten lassen, in welches kein Fenster, sondern nur die Thür aus der betreffenden daneben befindlichen Stallabtheilung führt. Uebrigens wird es Jedem ersichtlich sein, daß die Anzahl dieser Stallabtheilungen sich ganz und gar nach der Größe einer Geflügelzüchterei richten wird. — Wohl aber möchte ich einem Jeden rathen, das Stallgebäude einer großen Geflügelzüchterei ebenso anzulegen, wie ich es gethan habe, indem ich kaum glauben mag, daß man jemals ein solches Gebäude zweckmäßiger einrichten kann. — Sämmtliche Stallabtheilungen sind durch Bretterverschläge von einander geschieden, mit Ziegelsteinen gepflastert und mit je einem Steintrog versehen. — Hierbei muß ich bemerken, daß die Erfahrung mich gelehrt hat, daß das Wasser in Holz- und namentlich in Fichten- oder Kieferntrögen, vermöge der kienölhaltigen Substanzen dieser Hölzer eine der Gesundheit des Geflügels schädliche Veränderung annimmt, und man daher sehr wohl thut, wenn man anstatt der Holztröge solche von Stein anwendet. — Diese Tröge werden durch die Dampfmaschine der Zuckerfabrik, welche bei BC an das Stallgebäude grenzt, gefüllt und können, wenn das darin befindliche Wasser einen unangenehmen Geruch angenommen hat, durch an den Böden der Wassertröge befindliche und mit Ventilen versehene Röhren nach Belieben außerhalb des

Gebäudes geleert werden. — Die im Grundriß angegebene Doppellinie bezeichnet das Kupferrohr, durch welches bei Kälte der Retourdampf der angrenzenden Zuckerfabrik zum Heizen der Stallungen benutzt wird. Dieses Dampfrohr geht 1 Fuß hoch über dem Fußboden des Stallgebäudes durch sämmtliche Stallabtheilungen und ist ringsum mit einem Lattenverschlage versehen, um zu verhüten, daß sich das Geflügel auf das Rohr setzen kann. In der Höhe von 2½ Fuß sind an den Seitenwänden der sogenannten dunkeln Gemächer auf angenagelten Latten alte, mit etwas Stroh angefüllte Tragkörbe befestigt, in welche die Hühner ihre Eier legen.

Die 5½ Fuß hohe sogenannte zweite Etage des Gebäudes besteht aus 4 Stallungen für Zucht und einer großen Stallabtheilung für Mastungsgeflügel, in welcher letzteren jedes einzelne Individuum in einem dazu gefertigten Lattenkäfig, deren 10 bis 12 aneinander befindlich aus denselben Latten bestehen, gemästet wird. In diese Stallräume gelangt das Zuchtgeflügel auf 3 Fuß breiten aneinander gefügten Brettern, welche mit Querleisten benagelt und oberhalb mit eisernen Haken versehen sind, mit welchen sie in an dem Gebäude befindliche eiserne Krampen eingehakt werden können. Auf diesen Gängen gelangt das Geflügel sehr bequem hinauf und herunter, und hat nicht nöthig sich die Flügel zu zerschlagen, wie dies auf den sogenannten Hühnerleitern sehr oft der Fall zu sein pflegt. — Die Einrichtung der in dieser Etage befindlichen Stallabtheilungen ist in allem Uebrigen analog den in dem untersten Raume des Gebäudes befindlichen verschiedenen Abtheilungen.

Die Geflügelzucht der Fürstlich Thurn und Taxis'schen Besitzungen wurde von mir im Jahre 1852 angelegt. — Es wurden dazumal so viel Zuchthühner von mir angekauft, als ich erhalten konnte, und konnte ich allerdings keiner der verschiedenen Racen bei meinem Einkauf den Vorzug geben, obgleich ich auch die guten Eigenschaften einzelner Hühnerracen, die vornehmlich in den letztverflossenen Jahren so sehr angepriesen worden sind, recht gut zu würdigen weiß.

Auf diese Weise trat die von mir gegründete Geflügelzucht mit Anfangs 3000 Stück Legehühnern ins Leben, während sie derer gegenwärtig 5000 Stück hat. — Bei benannter Anlage waren bei Einrichtung derselben 6 Dienstboten ausschließlich beschäftigt, während deren jetzt 18 angestellt sind. — Die nämlichen Personen besorgen die Einrichtung der verschiedenen Gruben, deren ich im Jahre 1852 gleich 20 anlegte, während anfänglich 12 vollkommen ausreichend gewesen wären; gegenwärtig sind deren noch nicht mehr als 20 Stück vorhanden und reicht dies Gewürm; ja, es ist im Sommer sogar Ueberfluß, jedoch im Winter oft Mangel, weshalb ich außerdem Fleischfütterung in bedeutendem Maße mit in Anwendung bringe und das im Sommer entbehrliche Gewürm sich verpuppen lasse, indem es in diesem Zustande ohne große Mühe in großen, verpichten Bottichen und Gefäßen für den Winter reservirt werden kann. — Die von mir angelegten Gruben sind 9 Fuß im Quadrat, 3 Fuß tief und in allem Uebrigen so beschaffen, wie ich oben schon angeführt habe, und werden ebenfalls durch den Retourdampf der angrenzenden Zuckerfabrik geheizt. Nur will ich noch bemerken, daß es jedesmal von größerem Nutzen ist, wenn sämmtliche Gewürmgruben der Sonne ausgesetzt sind und nicht etwa hinter einem größeren Gebäude in dessen Schattenseite angelegt werden dürfen. Die weiblichen Dienstboten haben mit dem Einsammeln der Eier, was täglich viermal geschieht, mit Behandlung derselben zur längeren Conservation gegen Fäulniß und mit dem Verpacken der Eier ihre tägliche Beschäftigung. — Die Fütterung jeden Tages geschieht in folgender von mir vorgeschriebenen Weise und streng nach der Uhr lautenden Einrichtung.

Im Sommer beginnt die Fütterung des Morgens früh 4 Uhr. Zu diesem Zwecke holen zwei der männlichen Dienstboten, die mit Schaufeln, am besten mit kleinen Handschaufeln versehen sind, in einem Gefäß, dessen Inhalt man sich berechnet hat, das nöthige Gewürm für eine gewisse Anzahl Hühner, die zuerst gefüttert werden soll. Auf der Anlage der Fürstlich Thurn und Taxis'schen Besitzungen habe ich in 8 Stallabtheilungen sämmtliche legbaren Hühner untergebracht; angenommen nun, es soll um 4 Uhr früh Morgens das Geflügel des ersten Stalles, circa 840 Stück, gefüttert werden, so wird z. B. auf den mit Gras bewachsenen Hof ZQJG zweimal 840 Lth. Gewürm, circa 53 Pfd. geholt; je nachdem man nun das Gewürm mehr oder weniger mit dem Stoffe der Gruben vermischt einsammeln kann, berechnet man das Gewicht für die aus der Grube entnommenen Stoffe und bringt dieselben in Abrechnung, und zwar so, daß bei stark untergemischten Stoffen mindestens die Hälfte des Gewichts von dem, was man aus den Gruben holte, in Abrechnung zu bringen ist, und man in diesem Falle für 53 Pfd. Gewürm, das man für 840 Stück Hühner zu einem Futter nöthig hat, wenigstens 106 Pfd. Stoffe aus der Grube entnehmen muß. — Es mag diese Angabe, das Gewicht des nöthigen Quantums an Larven zu bestimmen, allerdings Manchem nicht genau genug erscheinen, aber wer dabei so genau verfährt, und die nach der Fütterungsstunde übrig gebliebenen Reste zusammenfegt und wiegt, und alsdann vom berechneten aus der Grube entnommenen Quantum in Abrechnung bringt, wird ziemlich sicher angeben können, welches Gewichtsquantum Larven die gefütterte Anzahl Hühner verzehrt hat; übrigens, glaube ich, wird mir ein Jeder Recht geben, wenn ich behaupte, daß derjenige, welcher damit alle Tage umgeht, bald, ohne die Waage zu gebrauchen, ziemlich sicher das in das zum Einsammeln der Larven bestimmte Gefäß geschaufelte Quantum in Pfunden angeben kann.

Das zum Futter bestimmte Fleisch wird, nachdem es gekocht und von den Knochen getrennt worden ist, ziemlich fein gehackt und sodann in demselben Gewichtsverhältniß verfüttert.

Also von 4 Uhr Morgens bis 4¾ Uhr wird z. B. auf dem Hofraum ZQJG die Anzahl der ersten der 8 Stallabtheilungen, circa 840 Stück Hühner, von zwei männlichen Dienstboten in der Weise gefüttert, daß das in ein dazu bestimmtes Gefäß nach der nöthigen Pfundzahl eingesammelte Gewürm mittelst der Schaufeln auf dem Flächenraum der ganzen Hofabtheilung ZQJG auseinander gebreitet wird. Nachdem dies geschehen ist, wird die Thür, welche in die Hofabtheilung ZQJG durch den gemeinschaftlichen Vorhof ADXZ führt, und dasjenige Einsteigeloch der Hühner, welches in den Stall, dessen Hühner gefüttert werden sollen, führt, geöffnet und das Geflügel, welches schon nach einigen Monaten seine Fütterungsstunde genau weiß, beeilt sich auf die geöffnete und mit Larven bestreute Hofabtheilung ZQJG zu gelangen.

Während derselben Zeit, also von 4 Uhr bis 4¾ Uhr Morgens, besorgen zwei andere männliche Dienstboten auf dieselbe Weise die Fütterung der Hühner aus einer andern Stallabtheilung; jedoch wird jedesmal die Art und Weise inne gehalten, daß, wenn die Hühner der einen Stallabtheilung auf der Hofabtheilung TUNM gefüttert wird, die andere auf ZQJG ihr Futter gereicht bekommt, und geschieht dies ganz entsprechend mit den übrigen Hofabtheilungen.

Jedoch werden jedesmal drei dieser Hofabtheilungen eine ganze Woche hindurch als der Futterplatz sämmtlichen Geflügels benutzt, so daß also in je drei Wochen durchschnittlich jede Hofabtheilung eine Woche lang in Benutzung und zum Nachwachsen des Rasens 14 Tage lang in Ruhe ist. Einige Minuten vor 4¾ Uhr werden die Hühner von den Hofabtheilungen ZQJG und TUNM, jede Abtheilung Hühner für sich allein, in die betreffenden Stallabtheilungen zurückgetrieben, die beiden Hofabtheilungen durch Fegen der Rückstände an die beiderseitigen Wände gereinigt, während der fünfte und sechste männliche Dienstbote schon wieder die nöthigen Larven für drei andere zu fütternde Abtheilungen Hühner in drei Gefäßen aus der Grube, deren Larven an dem betreffenden Tage verfüttert werden, herbeigeschafft haben.

Von 5 bis 5¾ Uhr Morgens werden also die Hühner anderer drei Abtheilungen gefüttert; einige Minuten vor 5¾ Uhr in ihre Stallabtheilungen zurückgebracht und von 5¾ bis um 6 Uhr Morgens wiederum durch Fegen der von der Fütterung zurückgebliebenen Unreinlichkeiten an die Seiten der betreffenden Hofabtheilungen dieselben wiederum gereinigt.

Während dieser Zeit haben die zwei dazu bestimmten männlichen Dienstboten das nöthige Futter an Larven in den betreffenden Gefäßen, mit deren Inhalt die von 4 bis 5 Uhr gefütterten Abtheilungen Hühner gefüttert worden sind, und welche während der Fütterung der von 5 bis 6 Uhr gefütterten Abtheilungen Hühner geleert waren, wieder aus der betreffenden Gewürmgrube herbeigebracht und von 6 Uhr bis einige Minuten vor 6¾ Uhr werden fernere drei Hühner-Abtheilungen auf dieselbe Weise, wie bei den vorhergehenden Abtheilungen angegeben worden ist, gefüttert.

Einige Minuten vor 6³/₄ Uhr werden diese Hühner-Abtheilungen in die betreffenden Ställe zurückgebracht, diese Hofabtheilungen durch Abfegen der von der Fütterung zurückgebliebenen Rückstände an die Seitenwände gereinigt, so daß dieselben um 7 Uhr wiederum mit den, durch andere drei männliche Dienstboten, während der Futterzeit der vorhergehenden Hühner-Abtheilungen herbeigeschafften Quantum bestreut und die drei letzten Hühner-Abtheilungen aus ihren betreffenden Stallabtheilungen heraus auf die betreffenden Hofabtheilungen gelassen, von 7 Uhr bis wenige Minuten vor 7³/₄ Uhr gefüttert und zu dieser Zeit in ihre Stallabtheilungen, doch jede Abtheilung für sich allein, zurückgebracht.

Also von früh 4 bis 8 Uhr währt die Fütterung der legbaren Hühner, der unter diesen befindlichen Zuchthähne und des jungen Geflügels, in Summa 12 Stallabtheilungen, nämlich 8 im unteren und 4 im oberen Raume des Stallgebäudes.

Das übrige Federvieh, bestehend in Gänsen, Enten, Truthühnern und Hähnen, ist, die jungen Hühnchen ausgenommen, bei dieser Geflügelzüchterei nur schwach vertreten, wiewohl die Gänse- und Entenzucht, wo das nötige Wasserterrain vorhanden ist, sich noch höher verwerthet. — Ich habe meine Ansicht, welche ich bei Gründung dieser Anlage im Jahre 1852 hatte, bedeutend geändert, indem ich jetzt alljährlich Tausende von Stücken mit Fleisch, Larven und etwas Gerste mästen lasse, indem, wie ich bei der am Schluß dieses Werkes verzeichneten Berechnung des Reinertrags dieser Geflügelzüchterei zeigen werde, gerade die Mastung sowohl jungen als alten Geflügels mit mehr denn einigen hundert Prozent höher rentirt, als eine auf Eierproduction basirte Hühnerzüchterei, welche höchstens einen 300prozentigen alljährlichen Nettogewinn zu gewähren im Stande ist.

Deshalb beabsichtige ich für die Zukunft mehr Geflügel zur Mastung aufzustellen, und das Geschäft soweit zu vergrößern, als der Absatz dies gestattet. — Gern hätte ich auch die Absicht, meine Aufmerksamkeit einer großen Entenzucht zuzuwenden, die unstreitig da, wo die Oertlichkeit dazu geeignet ist, unter allen Geflügelsorten die geringsten Kosten und die wenigste Arbeit verursacht, und in Folge dessen sich ungemein verwerthet. — Unter geeigneter Oertlichkeit für die Entenzucht verstehe ich, daß Wasser, wo möglich Teiche und darauf wachsende Meerlinsen, ein sehr ausgezeichnetes Entenfutter, welches die Natur während der Sommerzeit selbst liefert, und daher dem Entenzüchter ohne Kosten zu Statten kommt, in hinreichender Menge vorhanden sein muß, was auf den Fürstlichen Besitzungen jedoch fehlt. — Zum Beweis der großen Rentabilität einer Entenzucht führe ich nur noch an, daß eine junge Ente von der Zeit an, wo sie das Ei verlassen hat, bis zum Eintritt der Jahreszeit, in welcher das Wasser zufriert, sich auf den mit Meerlinsen bewachsenen Gewässern, während dieser ganzen Zeit kostenfrei ernährt, ohne dem Besitzer weitere beträchtliche Kosten zu verursachen. — Bei jeder Geflügelzüchterei im Großen, sei es nun, daß Hühner, Enten oder anderes Federvieh in vorherrschendem Maße gezüchtet werden, ist unbedingt nothwendig, daß das Terrain, in welchem diese Thiere sich aufhalten, mit einer Mauer oder Bretterwand umzogen wird, indem bei einer Geflügelzüchterei, wenn dies frei herum laufen würde, sehr viel gestohlen, getreten, übergefahren werden oder auf andere Weise sich verlieren würde. — Es wird eine Entenzucht, außer den oben angeführten zwei Hauptbedingungen, nämlich daß Gewässer und Meerlinsen vorhanden sein müssen, auch noch eine größere Fläche in Anspruch nehmen, und daher unter Umständen allerdings ein größeres Anlagekapital erfordern. — Freilich sind derartig von der Natur ausgestattete Ortschaften in den meisten Gegenden Deutschlands selten und wird daher die Entenzucht auch nie so in Ausdehnung kommen können, als die Hühnerzucht, weil diese letztere an jedem Orte zweckmäßig angelegt werden kann; allein, wo die Gelegenheit zur Anlage durch die Oertlichkeit geboten wird, rathe ich einem Jeden dringend zur Gründung einer Entenzucht und kann zugleich auch Hühnerzucht damit verbunden werden.

Diese wenigen Worte über Entenzucht und Entenmastung will ich hier vornehmlich zur Beherzigung so mancher Gutsbesitzer in Pommern, Ost- und Westpreußen gesagt haben, denn in diesen Provinzen des Preußischen Staates kann man sagen, giebt es Güter, die sich zur Anlegung einer Entenzucht ausgezeichnet gut eignen, sehr häufig, — und will ich die Gutsbesitzer jener Provinzen nur noch darauf aufmerksam machen, daß sich bei rationeller Zucht der Enten der Reinertrag dieses anscheinend unbedeutenden landwirthschaftlichen Zweiges mit Sicherheit höher belaufen wird, als derjenige einer Fläche von 1000 Magdeburger Morgen unter den günstigsten Annahmen betragen kann.

Ich komme nun auf die Futterungsart des Geflügels, da wo ich dieselbe verlassen habe, zurück. So wie gegenwärtig die Fürstliche Hühnerzüchterei besteht, sind im Sommerhalbjahr von 4 bis 8 Uhr Morgens sämmtliche Leghühner und Zuzuchten, sowie die übrigen Geflügelarten gefüttert.

Die Fütterung des Mastungsgeflügels geschieht täglich in Zwischenräumen von je 2 Stunden, und zwar abwechselnd mit Gewürm, Körnern, Fleisch und einer breiigen Masse, gebildet aus Gerstenschrot und Wasser, welche durch die sogenannte Stopfmaschine gegeben wird. Da des Nachts auch Personal in diesem Etablissement Dienst hat, so wird während derselben in Zeiträumen von je 4 Stunden das Mastungsgeflügel ebenfalls gefüttert.

Das junge Hühnervieh füttern die männlichen Dienstboten ebenfalls, während die bei dieser Geflügelzüchterei gezüchteten Enten, Gänse und welsche Hühner, welche verhältnißmäßig nur schwach vertreten sind, und in Summa noch nicht 600 Köpfe zählen, von den bei derselben angestellten weiblichen Dienstboten gefüttert und gewartet werden, und da es gegenwärtig an Hofraum bei obigem Etablissement fehlt, so werden diese Geflügelsorten zur Zeit auf einer der übrigen Hofabtheilungen gefüttert. Das Quantum Fleisch oder Larven für die übrigen Geflügelsorten ist von mir dahin bestimmt worden, daß für eine Gans 8 Lth., für eine Ente 5 Lth., für ein welsches Huhn 6 Lth. und für sämmtliches junges Geflügel der verschiedenen Federviehgattungen, je nach der Größe, die die Individuen schon erreicht haben, $^1/_5$ bis $^2/_5$ von dem für die ausgewachsenen Geflügelsorten bestimmten Gewichtsquantum an Larven oder Fleisch gegeben werden muß, sobald sie nicht gemästet werden. Von 9 bis 2 Uhr sind die männlichen Dienstboten mit Reinigung der Gruben, aus welchen Larven verfüttert worden sind und mit Einrichtung neuer Gruben beschäftigt. — Bei Einrichtung dieser Geflügelzüchterei im Jahre 1852 reichten die Larven von zwei uhserer je 9 Fuß im Quadrat halten Gruben zur täglichen Fütterung für sämmtliches Geflügel von circa 3600 Stück aus, während jetzt bei einer Anzahl von etwa 6000 Stück Geflügel an je 2 Tagen 7 Gruben von Larven geleert werden. Außer der Reinigung verbrauchter und der Einrichtung neuer Gruben haben diese Dienstboten noch an jedem Tage die Reinigung eines Stalles zu besorgen, so daß Excremente sich in denselben nie anhäufen können, was der Gesundheit des Geflügels schädlich sein würde. — Der ausgeworfene Hühnermist, circa 160 zweispännige Fuhren pro Jahr, wird jede Woche in 3 Fuhren weggefahren, und im Winter und im Frühjahr zum Düngen der Wiesen, in der übrigen Zeit aber größtentheils zur Bereitung des Kompost benutzt.

In dem Sommerhalbjahr beginnt um 2 Uhr Nachmittags die zweite Fütterung des Geflügels, und zwar in derselben Reihenfolge und Zeiteintheilung, wie des Morgens, so daß von 2 bis 3 Uhr die Hühner der drei ersten, von 3 bis 4 Uhr die Hühner-Abtheilungen 4 bis 6 u. s. f. gefüttert, und da Nachmittags durch die weiblichen Dienstboten von 3 bis 5½ Uhr, außer den übrigen Geflügelsorten, auch die jungen Hühner gefüttert werden, so ist um 6 Uhr Abends sämmtliches Geflügel gefüttert, während die sämmtlichen Dienstboten wenigstens bis 8 Uhr Beschäftigung haben, und zwar die weiblichen mit Behandlung der Eier gegen Fäulniß und Verpackung derselben (was ich weiter unten genauer berechnen werde) und die männlichen mit Sieben der zur Einrichtung nöthigen Erde und Einsammeln reiner Pferde-Excremente von dem bei BC angrenzenden Wirthschaftshofe, während der nöthige Roggenhäcksel durch eine Maschine, welche auf dem Wirthschaftshofe steht und welche die Dampfmaschine der angrenzenden Zuckerfabrik treibt, geschnitten, und die nöthigen Bierbrauerei-Abgänge aus einer in der Nähe gelegenen Brauerei wöchentlich dreimal durch die Gespanne der Wirthschaft herangeschafft werden, was auch mit den nöthigen Blut- und Fleischabgängen aus der nächsten Abdeckerei geschieht, sobald die Fürstlichen Dominien solches in genügender Menge nicht liefern.

In dem Winterhalbjahr wird sämmtliches Geflügel bei guter und nicht zu strenger Witterung (nicht über 4 Grad Réaumur) ebenfalls auf den Hofabtheilungen gefüttert, jedoch mit dem Unterschiede, daß anstatt wie im Sommer auf 3, im Winter zu derselben Zeit auf jedesmal 4 Abtheilungen des Hofes eine Woche lang alles Geflügel gefüttert wird, und da in dieser Zeit die weiblichen Dienstboten weniger mit Behandlung und Verpackung der Eier zu thun haben, welche in dieser Jahreszeit nur zweimal täglich eingesammelt werden, während es des Sommers viermal täglich geschieht, so gehen sie bei der Futterung den männlichen Dienstboten hülfreich zur Hand. Je nachdem die Tage kürzer werden, beginnt die Futterzeit um 6, 7 und 8 Uhr Morgens, Nachmittags aber stets um 1 Uhr. Hierbei muß ich noch bemerken, daß auch im Sommerhalbjahr in den Monaten April, August und September anstatt um 4 Uhr um 5 Uhr Morgens die Futterzeit beginnt. — Auf diese Weise, nämlich daß im Winter in einer Stunde stets eine Abtheilung Geflügel mehr gefüttert wird, als im Sommer geschieht, kann diese Futterungszeit bei den kurzen Tagen genau inne gehalten werden. Tritt jedoch Regen- oder Schneewetter ein, oder eine bedeutendere Kälte als 4 Grad Réaumur, so werden sämmtliche Geflügel-Abtheilungen in ihren Ställen in der Art gefüttert, daß das für jede Abtheilung nöthige Quantum an Larven oder, da diese oft fehlen, an Puppen oder Fleisch in den einzelnen Ställen auf den Fußböden ausgebreitet wird. — Bei Futterung von gekochten Kartoffeln, die übrigens ein sehr nothdürftiges Hühnerfutter sind, und nur wegen der anhaltend hohen Getreidepreise in den letztverflossenen Jahren von mir als Hühnerfutter in sehr selten eintretenden Fällen benutzt worden sind, muß auf jede Futterzeit circa das vierfache Gewicht, was man an Larven geben würde, gereicht werden. Bei dem Preise der Gerste von 1 Thlr. pro Berliner Scheffel rathe ich jedoch jedem Geflügelzüchter, wie schon oben angeführt ist, täglich 4 Lth. derselben für ein ausgewachsenes Huhn, 8 Lth. für eine Gans, 6 Lth. für ein welsches Huhn, 5 Lth. für eine Ente, und für jüngeres Geflügel ebenfalls im oben angegebenen Verhältniß zu geben.

Wenn daher das Geflügel während des Winterhalbjahres mehrere Wochen ausschließlich nur in den Ställen gefüttert werden kann, so müssen, da sich durch die zwischen den Larven befindlichen Rückstände mehr Unreinlichkeiten in den Ställen ansammeln, als im Sommer der Fall ist, täglich 3 Stallabtheilungen von dem männlichen Dienstpersonal gereinigt werden, so daß jeder Stall wenigstens in 8 bis 10 Tagen gereinigt wird.

Für den Fall, daß mancher Landwirth diese von mir vorgeschriebene Art, das Geflügel nur zweimal täglich zu füttern und es täglich nur etwa 1½ Stunde sich im Freien bewegen zu lassen, mißbilligen sollte, führe ich nur an, daß Stubenvögel, wenn sie sonst gut abgewartet und bei guter Gesundheit erhalten werden, ein hohes Alter erreichen können, obgleich ich recht gern eingestehe, daß sich jeder Vogel im freien Zustande am Wohlsten befindet. Außerdem berufe ich mich jedoch hierbei darauf, daß während des achtjährigen Bestehens dieser Geflügelzüchterei dieselbe von Jahr zu Jahr höheren Reinertrag abwarf, und sich das sämmtliche Geflügel fast immer im besten Gesundheitszustande befand. Um die Gewohnheit der Hühner, mit den Füßen beständig zu scharren, auch in den Stallungen zu ermöglichen, wird auf den mit Ziegelsteinen gepflasterten Fußböden 2 Zoll hoch grober Sand, mit etwas feinkörnigem Kalk vermischt, ausgebreitet. Ich thue dies auch aus dem Grunde, weil nämlich die Hühner Sand und vorzüglich Kalkkörner fressen, dieser ihnen sehr zusagend und letzterer zur Bildung der Eierschalen, die größtentheils aus kalkigen Bestandtheilen bestehen, nothwendig ist, und auf diese Weise die Hühner fleißiger legen. — Es geschieht diese Sand- und Kalkausbreitung jedoch blos in den Hühner- und Truthühnerställen, und niemals in den Ställen der Gänse und Enten, die niemals so fleißig Eier legen, auch bei schlechterem Wetter alltäglich ins Freie gelassen werden.

Außer diesen zwei Gründen, nämlich zur Beförderung des natürlichen Instinkts der Hühner, des Scharrens mit den Füßen und zur Ernährung, halte ich diese Einlage von Sand und Kalk auch um deshalb noch für zweckmäßig, weil sich das Geflügel, welches nicht schwimmen kann, also Hühner und Truthühner, durch Einscharren in erdige oder sandige Theile des, das Geflügel peinigenden, lästigen Ungeziefers entledigt.

Die Methode des sogenannten Fühlens der Hühner am Morgen jedes Tages, um sich zu überzeugen, welche Individuen an dem betreffenden Tage Eier legen, wird aus folgenden Gründen nie vorgenommen:

1. schadet diese Operation, wenn es unvorsichtig geschieht, unwiderruflich den Eierstöcken der Hühner, und macht diese zum Eierlegen früher unbrauchbar, und

2. ist es bei der von mir vorgeschriebenen Anordnung, das Geflügel in den Stallungen zu halten, ganz und gar unnöthig, indem es nie vorfallen kann, daß Hühner Eier verlegen können.

Es macht diese Einrichtung nur eine andere nöthig, nämlich, daß die Eier täglich mindestens viermal, also ein- bis zweistündlich eingesammelt werden müssen, indem es, wenn dies unterbleibt, vorkommen könnte, daß die Eier von den Hühnern aufgefressen werden, und diese schlechte Gewohnheit den betreffenden Thieren nicht leicht wieder abgewohnt werden kann. — Da ich fest davon überzeugt bin, daß gute Legehühner auch dann fleißig legen, wenn sie vom Hahne nicht gekappt werden, so lasse ich eine verhältnißmäßig sehr geringe Zahl der besten Exemplare dieser letztern zur Zucht gehen, während alle übrigen Hähne, ohne kapaunirt zu werden, früher oder später zur Mastung aufgestellt werden. Bei Einrichtung dieser Geflügelzüchterei im Jahre 1852 wurden bei einer Anzahl von 3000 Stück Legehühnern 40 Stück Hähne, also auf 75 Stück Hühner ein Hahn gerechnet, welches Verhältniß auch gegenwärtig von mir beibehalten wird, und demnach 84 Hähne bei 5000 Stück Hühnern zur Zucht verwendet werden. Allerdings würden 75 Stück Hühner auf je 1 Hahn gerechnet eine zu große Anzahl sein, wenn es nämlich unbedingt nöthig wäre, daß jedes Ei befruchtet sein müsse, und außerdem gekappte Hühner nur Eier legten; da aber, wie schon erwähnt, Thatsache ist, daß Hühner, auch ohne gekappt zu sein, Eier legen, und auf deren Befruchtung oder Nichtbefruchtung zur Consumtion ganz und gar nichts ankommt, so bin ich der festen Meinung, man müsse bei einer Hühnerzucht nur wenig Hähne halten, indem diese, als keinen direkten Nutzen gewährend, unter allem Geflügel am kostspieligsten zu halten sind. Bei jeder andern Federviehgattung, als welschen Hühnern, Gänsen und Enten, die ohnedies schon sparsam legen, und bei denen man nur die Fleisch- und nicht die Eierproduction im Auge haben kann, muß jedoch eine verhältnißmäßig geringere Anzahl von weiblichem Geflügel auf 1 Exemplar des männlichen gehalten werden. Es dürfen hiervon 20 bis höchstens 30 Stück von ersterem auf 1 Stück von letzterem gerechnet werden.

Da man aber jedes Jahr eine gewisse Anzahl junges Geflügel heranziehen muß, und hierzu, wie selbst verständlich, nur befruchtete Eier verwenden kann, so wird auch in der jedesmaligen Frühjahrszeit die Anzahl der Hähne unter einer gewissen Abtheilung Hühner so lange verstärkt, bis man von der bezüglichen Hühnerzahl die auszubrütende Anzahl Eier erhalten hat, während die Anzahl Hähne unter den übrigen Hühner-Abtheilungen auf kurze Zeit um die Hälfte vermindert wird. — Es kommen daher in der Zeit, in welcher man befruchtete Eier zur Nachzucht erzielen will, unter eine Abtheilung von circa 840 Hühnern, außer den 11 bis 12 schon darunter befindlichen Hähnen, von jeder der 6 Legehühner-Abtheilungen noch die Hälfte, also noch 5 Stück hinzu, so daß während dieser Zeit 41 bis 42 Zuchthähne unter 840 Zuchthühnern, also im Verhältniß von 1 zu 21, befindlich sind.

Trotz dieser Vorsicht und verhältnißmäßig großen Anzahl von Hähnen, kommt es dennoch vor, daß nichtbefruchtete Eier, die sich erst bei der Ausbrütung als solche erweisen, darunter sind. Meiner Ansicht nach kann man diesem Schaden, der bei einer Anzahl von 3000 Eiern, die bei unserer Hühnerzucht alljährlich ausgebrütet werden, sehr bedeutend werden könnte, nicht anders vorbeugen, als daß man nur 20 bis 30 Hennen auf einen Hahn rechnet. — Von 840 Legehühnern, die allerdings im Monat März noch nicht so fleißig legen, bekommt man in Zeit von 14 Tagen, bei sparsamem Legen während dieses Monats, dennoch mehr als 3000 auszubrütende Eier und steckt alsdann die Hähne in dem oben angegebenen Verhältniß, 1 Hahn auf etwa 75 Hennen, in die übrigen Ställe zu den Legehühnern zurück.

Es ist wahr, daß Hühner durch das bloße Vorhandensein von Zuchthähnen, durch deren Krähen und sonstiges Verhalten, selbst ohne daß sie gekappt werden, zum Eierlegen angetrieben werden. Deshalb schaffe man diejenigen Exemplare der Zuchthähne, welche weniger lebhaft sind, zeitig ab, und ersetze deren Stelle durch andere.

Es ist mir bis jetzt nur in sehr wenigen Landwirthschaften bekannt, daß die Hausfrauen, unter deren Aufsicht das Geflügel in der Regel steht, weil es in den Augen der Landwirthe nur als eine unbedeutende Viehgattung der Landwirthschaften fälschlicher Weise betrachtet wird, ihre Legehühner nach dem Alter in Jahrgänge oder Hühner-Abtheilungen eintheilen. — Halte ich nun auch für den Fall, wo in einer Wirthschaft etwa nur 50 bis 100 Zuchthühner gehalten werden, eine solche Classification nicht für unumgänglich nothwendig, so muß es bei einer großen Hühnerzucht aber jedesmal geschehen, indem man sonst nicht im Stande ist, bei einer großen Anzahl die alten, zum Legen nicht mehr tauglichen Hühner herauszufinden. — Auf der von mir eingerichteten Hühnerzüchterei ist daher darauf Rücksicht genommen und sind die betreffenden Jahrgänge, nebst der Anzahl der Exemplare jedesmal auf Tafeln verzeichnet, welche auf den Außenseiten der Thüren der einzelnen Stallabtheilungen befestigt sind. — Bei Einrichtung dieser Hühnerzucht im Jahre 1852 konnte ich eine Classification allerdings nicht gleich in Anwendung bringen, weil ich genöthigt war, 3000 Stück legbare Hühner, von denen ich das Alter nicht wissen konnte, zu kaufen. Jedoch schon in dem folgenden Jahre wurde der 1852 herangezogene Jahrgang markirt, und geschieht dies alljährlich z. B. unter folgender Bezeichnung:

Stallabtheilung Nr. 1., Jahrgang 1852, enthält 840 Stück legbare Hühner und 12 Hähne.

Oder bei den jungen Hühnern:

Stallabtheilung NN., Jahrgang N., enthält 400 Stück junge Hühnchen, 420 Stück junge Kapaunen und 20 Stück junge Hähne u. s. w.

Da zur gegenwärtigen Zeit von den im Jahre 1852 angekauften Hühnern keine mehr vorhanden sind, so ist jetzt die ganze Anzahl junges und altes Geflügel auf diese Art von mir klassifizirt, und da die verschiedenen Jahrgänge nie zusammen kommen, so ist auf diese Weise eine genaue, nach dem Alter bestimmte Eintheilung bei jeder noch so großen Geflügelzucht möglich.

Wie es bei allen übrigen Thieren der Fall ist, so ist es auch bei den Hühnern, nämlich daß sie nach mehreren Jahren zur Zucht nicht mehr tauglich sind. — Diese Periode tritt allerdings nicht streng mit den Jahren ein, und mag auch ein Exemplar 1 oder 2, selbst mehrere Jahre lang noch fleißig legen, so ist das andere gleich alte Exemplar so viel Jahre früher schon zur Zucht untauglich geworden. Bei der von mir eingerichteten Hühnerzüchterei werden die Hühner 4 Jahre lang zum Legen gebraucht, sodann gemästet und als Poularden, d. h. gemästete Hühner, verkauft. Alsdann haben die meisten Individuen im Eierlegen schon etwas nachgelassen, und nur, wenn ausnehmend fleißige Legerinnen entdeckt werden, werden diese noch 1 Jahr, jedoch nie länger, zum Legen verwendet.

Also etwas über 4 Jahr alt sind die gemästeten Hühner unserer Geflügelzucht beim Verkauf in der Regel, und kann man in diesem Alter Hühner noch mit Vortheil mästen, während dieselben, wenn sie ein zu hohes Alter erreichen, bei größerer Quantität an Futter sich viel schwerer mästen, längere Zeit auf der Mast stehen müssen, und weil zu altes Federvieh stets zu hartes Fleisch hat, nie einen so hohen Preis erhalten, als wenn dieselben einige Jahre jünger sind.

Wie gesagt, bei einer kleinen Hühnerzucht, wie sie gewöhnlich auf den größeren Gütern existirt, mag man hiervon Ausnahmen machen; aber wo Hühner in großer Menge gezüchtet werden, verwende man sie aus den angegebenen Gründen nicht länger zum Eierlegen.

Die Zuchthähne in dieser Hühnerzucht werden nur 2 Jahre als solche benutzt, weil sie, einer übermäßig großen Anzahl Hennen zugetheilt, auch zeitig unbrauchbar werden. Für die Anlage ist dies auch durchaus von keinem Nachtheil, da die Hähne zu jeder Zeit als Kapaunen gemästet und von jedem Jahrgange die nöthige Anzahl der besten Exemplare ausgesucht werden kann, da ohnedem mehrere tausend Stück junge Hähne alljährlich zur Mast aufgestellt werden.

Ich selbst hielt früher den beständigen Aufenthalt des Geflügels in den Stallungen für ungesund; allein da auf andere Weise nicht eine Classification möglich war, so wurde ich hierzu veranlaßt, obgleich ich dennoch glaube, daß die Einrichtung des Stallgebäudes eine äußerst zweckmäßige ist, indem dadurch im Sommer eines Theils große Hitze und andern Theils Zugluft, und im Winter Kälte abgehalten wird. — Das von mir erbaute Stallgebäude ABCD entspricht diesem Allen auf die genügendste Weise. Sobald nämlich die Temperatur 10—12 Grad Wärme nach Réaumur zeigt, so werden die Fenster der einen Seite des Stalles alle herausgenommen und an deren Stelle Fenster von starkem Draht, die eng genug sind, um Marder, Wiesel und Ratten abzuhalten, eingesetzt. — Bei großer Hitze werden, wenn es windstille ist, auch die Fenster der andern Seite des Stalles, sowie die Thüren und Einsteigelöcher der Stallabtheilungen herausgenommen und durch Drahtfenster ersetzt. Auf diese Weise wird selbst bei großer Hitze eine angenehme Frische in den Stallungen erhalten, und wenn man bedenkt, daß die Hühner in der größten Sonnenhitze gern auch unter Schuppen, Gebäuden und dergleichen Schutz suchen, so ist es wohl erklärlich, wenn sie sich, auf diese Art gezüchtet, munter und wohl befinden, zumal die unangenehmen Witterungseinflüsse im Winter, im zeitigen Frühjahr und im Spätherbste auf diese Weise nicht unangenehm auf sie einwirken können, während dies bei den frei umherlaufenden stets der Fall ist. Dennoch habe ich die Absicht, daß, wenn eine Erweiterung des Hofraumes bei AG um 4 Hofabtheilungen geschieht, in der Zukunft bei angenehmem Wetter wenigstens ein Tag um den andern die verschiedenen Geflügel-Abtheilungen auf dazu bestimmten Hofabtheilungen ins Freie gebracht werden sollen.

Das übrige bei dieser Geflügelzucht zur Zeit nur noch schwach vertretene Geflügel, wird, wie ich schon oben bei den wenigen Notizen über Entenzucht mittheilte, stets ins Freie auf einen der betreffenden Hofräume gebracht und ist hiervon nur das zur Mast aufgestellte Geflügel ausgeschlossen, was, wie die Zuchthühner, außer der Futterzeit, nie ins Freie kommt. Enten und Gänse werden öfters, doch stets unter Beaufsichtigung, nach außerhalb gelegenen kleinen Teichen gebracht, weil Wasser zur Zucht dieser Federviehgattungen unbedingt nöthig ist.

Im Winter bei Kälte und ebenfalls in kalten Herbst- und Frühlingstagen werden die Ställe durch den Dampf der bei BC angrenzenden Zuckerfabrik geheizt, so daß eine Temperatur von 8—12 Grad Wärme nach Réaumur im Innern des Stalles an solchen kalten Tagen ermöglicht wird, der Dampf kann durch ein Bentil beliebig an- und ab- oder stärker und schwächer gestellt werden, und ein in der Stallabtheilung Nr. 1 an der Wand befestigtes Thermometer macht es möglich, daß man die Temperatur des Stalles zu jeder Zeit wissen kann.

Da ich weiß, daß den meisten Landwirthen die Heizung eines Geflügelstalles lächerlich erscheinen wird, so finde ich mich veranlaßt, auf diese bei der Geflügelzucht der Fürstlichen Güter in Böhmen getroffene, höchst zweckmäßige Einrichtung näher einzugehen.

Als das Vaterland unseres ursprünglich gezüchteten Haushuhns gilt das mit viel wärmerem Klima versehene Hinter-Indien. — Wenn es nun auch Thatsache ist, daß Pflanzen und Thiere durch Verbreitung über die ganze Erde an die auf derselben herrschenden, verschiedenen Klimate gewöhnt werden können, so glaube ich doch mit Recht behaupten zu können, daß das Klima des ursprünglichen Vaterlandes, oder wenigstens eine diesem ähnliche Temperatur jedesmal der in Rede stehenden Gattung von Thieren am zuträglichsten sein wird. — Außerdem lehrt ja aber auch bei uns jede Winterzeit, wie so sehr vernachlässigt und geradezu verkehrt die Zucht der Hühner von unserem Landwirthsstande geübt wird. — Die gewöhnliche Aussage der Landwirthe, daß man Hühner halte, um nur welche zu haben, ist eine nichtssagende, und dürfte durchaus die Mehrzahl der Landwirthe von der Hebung eines so rentabeln landwirthschaftlichen Zweiges nicht abhalten. — Aber fast alle unsere Landwirthe scheinen zur Zeit nur sehr oberflächlich auf diesen Kulturzweig einzugehen und halten immer noch zu sehr an dem von den Eltern gehörten, über das Geflügel nicht günstig lautenden Urtheil fest.

Es soll der Zweck dieser Schrift durchaus nicht sein, die von mir hierin angegebene Art und Weise der Züchtigung der Hühner als allein richtige anzupreisen, und nehme ich, wenn Verbesserungen getroffen werden sollten, gern Lehre an; allein ich will dem Landwirthschaftsstande zeigen, wie sehr die Hühnerzucht einträglich werden kann, wenn sie mit der größten Sorgfalt gehandhabt wird; ich will die Landwirthe durch diese Schrift aufmerksam darauf machen, daß es unter allen landwirthschaftlichen Zweigen keinen einzigen giebt, der bei so

geringem Risico und so unbedeutendem Anlage- und Betriebskapital eine so hohe und sichere Rente gewährt, als gerade
die Zucht jeder Gattung unseres Hausgeflügels, vornehmlich
aber der Hühner und Enten. — Und für den Fall, daß dieses
Schriftchen günstig aufgenommen werden sollte, werden alsdann Hefte über rationelle Hühner-, Gänse-, Enten- und
welsche Hühnerzucht, in einem größeren Werke zusammengestellt, von mir nachfolgen.

Was das Risico anbelangt, so wäre der größte Schaden,
der für eine Geflügelzüchterei eintreten könnte, der, wenn
durch eine verheerende Krankheit sämmtliches Geflügel stürbe.
— Angenommen nun, es fände dieser seltene Fall statt, so
wäre bei 5000 Stück todtem Geflügel der Schade höchstens
3000 Thlr., während der Verlust bei dem Stürzen von 100
Ochsen oder Kühen nicht nur in pekuniärer Beziehung viel
bedeutender ist, sondern die zum Ersatz nöthigen Stücke auch
nicht so schnell heranzuziehen sind, als beim Geflügel, dessen
Eier man durch die Brutmaschinen in beliebiger Anzahl ausbrüten und nach Verlauf eines Jahres die Exemplare zum
Legen benutzen kann.

Um nun auf das für die Hühner zusagendste Klima
zurückzukommen, bemerke ich, daß man durchweg in jeder
Wirthschaft sehr unzweckmäßig eingerichtete Hühnerställe vorfindet. — Als der größte Fehler der Ställe steht aber oben
an, daß dieselben in der Regel bei kalter Temperatur zu leicht
zu kalt werden, was auf das Legen der Hühner, sowie auf
alles übrige Geflügel vom größten Einfluß ist.

Es steht thatsächlich fest, daß während der sogenannten
Mauserzeit die Hühner keine Eier legen; es steht aber eben so
fest, daß bei warmer Stallung und regelmäßiger, hinreichender
Fütterung dieselben im Winter, wenn auch sparsamer als im
Sommer, legen.

Ich könnte hier als Beweis meiner Aussage anführen, daß ich pro Legehuhn während der Winterzeit mindestens 30 Stück Eier erziele; ich unterlasse dies aber und theile nur mit, daß in einer der Wirthschaften, auf welcher ich in früheren Zeiten Beamter war, der Hühnerstall im Schafstall gelegen war, und an sonnigen, hübschen, wenn auch kalten Wintertagen, die Hühner, wenn gleich sparsam, Eier legten. Wer also eine große Hühnerzüchterei gründen, dabei aber nicht für warme Stallung, regelmäßiges und hinreichendes Futter in der Winterzeit sorgen wollte, dem rathe ich ab, denn nie, nie wird er bedeutenden Nutzen von der Hühnerzucht haben.

Es ist wirklich traurig, mit ansehen zu müssen, wie große Kälte fast durchgängig in allen Wirthschaften während der Winterzeit die Hühner ausstehen, und wie sie in dieser Jahreszeit hungern müssen, und doch scheint kein Landwirth an Hebung der Hühnerzucht zu denken. — Ich bin fest überzeugt, daß, wenn z. B. das Rindvieh im Winter verhältnißmäßig mit so geringem Futter durchgewintert würde, wie dies in der Regel mit den Hühnern zu geschehen pflegt, dies nicht nur gar keine Milch geben, sondern ein großer Theil Hungers sterben würde.

Mögen daher auch alle Landwirthe hierin eine andere Meinung haben, so kann ich mich dadurch nicht bestimmen lassen, meine Methode, das Geflügel zu züchten, aufzugeben, weil ich durch dasselbe alljährlich mehrere hundert Prozente Reinertrag erziele. — Wie ich schon bemerkt habe, können unter dem Federvieh ebenfalls recht ansteckende, seuchenartige Krankheiten ausbrechen und kann man allerdings, wenn ein solcher Unglücksfall eintritt, nicht gut Hülfe leisten, weil bei einer großen Geflügelzüchterei alsdann zu viel Exemplare krank sind; mit Eingeben von Medicamenten zu Hülfe zu kommen, scheint mir alsdann auch nicht rathsam, da sich bis auf diese Zeit die Thierarzneikunde zu wenig mit der Behandlung kranken Geflügels beschäftigt hat; auch kann ja der Verlust, wie ich schon mitgetheilt habe, in pekuniärer Hinsicht nie so beträchtlich werden, als bei allen anderen Viehgattungen. — Jedoch müssen kranke Exemplare von den gesunden abgesondert, in einen besonderen Stall gebracht und hier der weitere Verlauf der Krankheit beobachtet werden. — Die Kadaver der Geflügelstücke werden stets zur Gewürm-Erzeugung in den Gruben benutzt. — Hoffentlich wird auch mit der Zeit die Thierarznei sich mehr und mehr mit der Kur kranker Geflügelstücke befassen.

Nächst reichlicher, zweckmäßiger Fütterung ist bei Züchtung von Hühnern vornehmlich darauf zu sehen, daß dieselben nie Mangel an Trinkwasser leiden, indem hieraus leicht Krankheiten entstehen; die Tröge bei dem Hühnervieh müssen jedoch nicht sehr tief, wohl aber 2—3 Fuß breit sein, damit die Hühner nicht ertrinken können, während die der Enten und Gänse 1½ Fuß oder noch tiefer sein können. — Für diese letzteren Geflügel-Arten könnten sie im Sommer gänzlich fehlen, da die Gänse und Enten am Tage längere Zeit auf stehendem Gewässer zubringen; sie werden aber, da die Wasserpumpe der angrenzenden Zuckerfabrik diese Tröge durch Röhrenleitung mit Wasser füllt, dennoch angewandt, da dies gar keine Kosten verursacht und vornehmlich dieser Wasservorrath im Stalle von diesen Geflügelarten fleißig benutzt wird.

Das Trinkwasser für sämmtliche Geflügelsorten muß im Sommer häufig erneuert werden, indem das alte nach Verlauf mehrerer Stunden warm und zum Saufen untauglich wird, und zuvor durch Oeffnen des Ventils an den Röhren durch dieselben sich außerhalb des Stallgebäudes ergießt. — Im Sommer geschieht diese Füllung der Tröge viermal, im

Winter einmal täglich, und geschieht, da während des Sommers in der angrenzenden Zuckerfabrik raffinirt wird, Jahr aus Jahr ein durch Dampfkräfte. Wer darauf genau geachtet hat, wird gefunden haben, daß in heißen Tagen die Hühner sehr oft an den Wassertrog gehen. — Ein Huhn kann vermöge der Beschaffenheit seiner Zunge und Schnabels nur wenig Wasser auf einmal zu sich nehmen, säuft aber bei heißer Temperatur sehr oft und kann überhaupt nicht lange dursten; daher sorge man ja dafür, daß Wassermangel nie eintritt.

Was das Ausbrüten der Eier während des ganzen Jahres anbelangt, so kann dasselbe von mehreren tausend Eiern alljährlich durch Hühner nicht bewerkstelligt werden, indem dieselben oftmals nicht die nöthige Ausdauer haben. — Zweckmäßiger als Hühner sind daher schon Truthühner anzuwenden; da aber eine zu große Anzahl hierzu verwendet werden müßte, so werden sämmtliche Eier, die gebrütet werden sollen, durch Brutmaschinen aus der Fabrik des Herrn Theophile Weise zu Dresden und Prag, welche je 600 Stück auf einmal behandeln, ausgebrütet.

In einer langen Reihe von Jahren wollte dieses künstliche Ausbrüten, welches die alten Egyptier schon kannten und allgemein ausführten, nicht gelingen, indem man die verschiedenen Modificationen, die die Eier während der Brütezeit von den Hennen erleiden, unbeachtet gelassen hatte, sowie die anzuwendenden Wärmegrade nicht genau kannte; in dem letzten Decennium jedoch haben sich mehrfache Brutanstalten, so z. B. in Dresden, Breslau u. s. w. etablirt, die wirklich mit gutem Erfolg brüten. — In dem von mir über rationelle Geflügelzucht erscheinenden großen Werke werde ich die spezielle Beschreibung und Abbildung eines Brutofens, welches mich bei der Kürze dieses Werkes zu weit abführen würde, mittheilen und verweise daher Landwirthe, die Brutöfen näher kennen lernen wollen, an Herrn Fabrikant Theophile Weise zu Dresden und Prag. — Ich lasse sämmtliche Eier, die zur Ausbrütung bestimmt sind, 5—6 Tage lang durch Truthühner bebrüten; während dieser Zeit ist den untergelegten Eiern durch die brütenden Hennen die Fettigkeit mitgetheilt, auf die man bei früheren Versuchen des künstlichen Ausbrütens keine Rücksicht genommen hat, und bei welchen Versuchen man allerdings Hühnchen ausbrütete, die aber nie ein langes Leben erzielten, sondern in der frühesten Jugend schon starben. — Diese Fettigkeit, die die Hühner während des Brütprozesses den Eiern mittheilen, macht nämlich die Schalen derselben geschmeidig und erleichtert somit die Arbeit des jungen Hühnchens, sich nach Verlauf der Brütezeit aus der Schale herauszuarbeiten, sehr. — Will man daher Hennen zum Brüten gar nicht benutzen, so muß man die Eier ein Wenig einfetten.

Somit glaube ich, zur Verständlichkeit der Beschreibung der von mir angelegten Geflügelzüchterei das Nöthige gesagt zu haben, und kann nun zur Zusammenstellung der Ausgaben und Einnahmen übergehen, mit welcher ich zugleich die Art und Weise angeben werde, wie man Eier in großer Menge sicher und gut auf längere Zeit gegen Fäulniß conservirt, wie man eine große Anzahl derselben sicher und gut verpackt und die geringsten Transportkosten zu zahlen braucht, indem diese beiden Vorrichtungen mit der Berechnung innig verbunden sind, da es hierdurch möglich ist, jedes Jahr, zu gewissen Zeiten, an großen Handelsorten einen doppelt so hohen als den ursprünglichen Preis der Eier zu erzielen, und auf diese Weise eine Speculation mit der Hühnerzucht zu verbinden, die, wenn die Verpackung gut ist und durch den Transport kein Schaden geschieht, nie fehlschlagen kann.

Die im Sommer täglich viermal, im Winter einmal eingesammelten Eier werden in billig angekauften, gut gereinigten halben Häringstonnen, in Partien von 15—20 Schock, folgendermaßen aufbewahrt:

Nachdem man den Boden des Gefäßes inwendig mit frischgelöschtem, dickem Kalkbrei ausgestrichen hat, setzt man dicht aneinander eine Schicht Eier in diesen Kalkbrei so hinein, daß dieselben mit der Spitze hoch und aneinander stoßend unbeweglich fest stehen, alsdann setzt man in die zwischen den Spitzen dieser Eierschicht befindlichen leeren Räume dergestalt eine zweite Schicht Eier, daß dieselben mit den Spitzen nach unten, jedoch jedesmal so fest stehen, daß sie sich nicht hin und her bewegen können, setzt in die leeren Räume zwischen den Spitzen dieser Schicht Eier wiederum eine neue Schicht und fährt damit fort, bis das Gefäß auf 2—3 Zoll hoch mit Eiern gefüllt ist; alsdann schüttet man so viel Kalkmilch zu dem verdünnten, gelöschten Kalk hinzu, bis das Gefäß damit angefüllt und die Kalkmilch über die oberste Eierschicht getreten ist. Hierauf läßt man das mit Eiern gefüllte Gefäß 2—3 Tage stehen, setzt von frisch bereiteter, sogenannter Kalkmilch wiederum so viel zu, als verdunstet ist, und wiederholt dies einigemal. Nach Zeit von etwa 10 Tagen, wenn man das letztemal nachgefüllt hat, verstreicht man die obere Seite des Gefäßes auf dieselbe Weise mit Kalk, wie man es in der Bodenschicht gethan hat, und läßt nun die Eier bis zur Winterszeit stehen, bis sie einen hohen Preis erlangt haben. Alsdann werden die oberen Kalkschichten der Eiergefäße Tags zuvor mit warmem Wasser, das öfter nachgegossen werden muß, eingeweicht, und die Eier herausgenommen und der an den Schalen angesetzte Kalk durch Eintauchen in warmes Wasser entfernt. — Diese Arbeit muß man jedoch an Orten vornehmen, wo es nicht gefriert, sowie überhaupt der Frost nicht in die Aufbewahrungsorte der Eier eindringen darf.

Wenn man ganz besonders darauf Bedacht nimmt, daß nur mit unversehrten Schalen versehene Eier eingelegt und diese so fest an einander gestellt werden, daß ein Hin- und Herbewegen unmöglich ist, und nach dem Entfernen des an der Schale befindlichen Kalkes durch warmes Wasser dieselben gut abgetrocknet werden, so wird man auf diese Weise Eier gegen Fäulniß von der Frühjahrs- bis zur Winterszeit gut conserviren. — Die von unserer Hühnerzucht erzielten Eier in den Jahren 1852—1857, nebst mehreren tausend Schock alljährlich im Sommer noch zugekauften Eiern, wurden bisher nur auf diese Weise bis zur jedesmaligen Winterszeit gegen Fäulniß conservirt und hielten sich durchweg sehr gut.

Eier mit zerbrochenen Schalen verbrauche man jedoch sogleich, indem solche nie längere Zeit als brauchbar aufgehoben werden können. — Aus diesem Grunde ist beim Einsammeln, Einlegen und Verpacken der Eier stets große Sorgfalt nöthig.

Außer der von mir angegebenen Methode, die Eier in Kalkauflösung gegen Fäulniß aufzubewahren, mag es deren wohl noch mehrere geben, Eier auf längere Zeit zu conserviren. — Ich übergehe dieselben jedoch, weil die dazu nöthigen Stoffe größtentheils theurer sind, überhaupt die Conservation ebenso umständlich sein wird, als es bei der von mir angeführten Art der Fall ist, und theile nur noch einige Bemerkungen über Conservation der Eier gegen Fäulniß in aufgelöstem Wasserglas mit, welches man in neuerer Zeit häufig zu diesem Zwecke angewendet hat, von mir allerdings nur in kleinen Partien versuchsweise benutzt worden ist, und wenn sich in Zeit von einigen Jahren bei dann alljährlich behandelten größeren Quantitäten von Eiern dieselben ebenso gut gegen Fäulniß halten, als es nicht nur bei den von mir angestellten Versuchen, sondern auch bei den von Anderen ausgeführten der Fall gewesen ist, und woran ich kaum noch zweifle, so wird diese Art, Eier gegen Fäulniß zu conserviren, allerdings die billigste und am wenigsten Arbeit verursachende, mithin die zweckmäßigste sein.

Wenn man Eier mit Wasserglas behandeln will, so hat man nur nöthig, dieselben in das aufgelöste, flüssige Wasserglas vollkommen einzutauchen, damit alle Theile der Eierschale von dieser Flüssigkeit überzogen werden, und läßt dann an den Schalen der Eier dieselbe antrocknen. — Dieses Wasserglas bildet einen firnißähnlichen Ueberzug über die Eierschalen, verschließt die Poren derselben, verhindert auf diese Weise das Eindringen der atmosphärischen Luft in das Innere des Eies und somit auch, da ohne dieselbe der Fäulnißprozeß nicht vor sich gehen kann, die Fäulniß derartig behandelter Eier.

Bei dieser Art der Conservation der Eier kann man daher die Gefäße ersparen, welche man bei der Behandlung mit Kalk nöthig hat, und kann auf einem kleinen Raume von 4 Zoll übereinander befindlichen, mit Stroh ausgelegten sogenannten Horden, bei einer Höhe von 4—6 Fuß, eine große Menge Eier conserviren, und hat hierbei nicht das viel Zeit beanspruchende Auspacken der Eier aus Gefäßen und Reinigen derselben vom Kalk nöthig, was vornehmlich in der kalten Jahreszeit eine unangenehme und zeitraubende Arbeit ist. Jedoch darf man die auf Horden mit Wasserglas behandelten Eier nur an solchen Orten frei liegen lassen, wo keine Ratten, Marder und dergl. Thiere hinkommen, welche unter den auf diese Weise conservirten Vorräthen großen Schaden anrichten würden.

Die auf die von mir angegebene Methode gegen Fäulniß behandelten Eier, deren Anzahl in einigen Jahren schon 18,000 Schock betragen hat, wurden in den Jahren 1852 bis 1855 bis zu Ende Oktober jedes Jahres an Ort und Stelle aufbewahrt, sodann verpackt und nach London und Wien versendet. — Da ich jedoch auf diese Weise nie die höchsten Preise erzielen konnte, sondern mich stets begnügen mußte mit dem jedesmaligen Preise, den sie im November in jenen Städten erlangt hatten, während dieselben erst Ende Dezember und im Monat Januar die höchsten Preise erlangt hatten, so traf ich die Einrichtung, in jeder dieser zwei großen Städte eine Niederlage zu gründen, und habe schon in den Jahren 1856 und 1857 gesehen, wie die dadurch entstandenen Kosten durch die höheren Eierpreise sich mehrfach bezahlt gemacht haben. — Deßhalb wurden in diesen zwei Jahren die ganze Sommerzeit hindurch Transporte von mehreren hundert Schocken nach den beiden Städten London und Wien von mir unterhalten und die Eier erst nach dort erfolgter Ankunft gegen Fäulniß präparirt, während bei Behandlung mit Wasserglas, der geringen Umstände halber, dies von mir jetzt gleich an Ort und Stelle ausgeführt wird. Wenn es möglich wäre, große Sendungen von Eiern im Winter gegen Frost hinreichend schützen zu können, so würde ich die Lieferungen alljährlich erst im Dezember unternehmen; allein dies ist, als von der Temperatur abhängend, zu großer Ungewißheit unterworfen und demnach nicht ausführbar.

Wenn man aber Eier in großen Quantitäten verschicken will, so muß man eine sichere, gute und dabei doch nicht kostspielige Verpackungsweise wählen, welchen Haupteigenschaften die von mir seit vielen Jahren und in so umfangreichem Maße in Anwendung gebrachte Methode zur vollsten Zufriedenheit entspricht.

Ich weiß recht gut, daß, während bei einer sicheren Verpackung diese Speculation nie so großen Wechselfällen unterworfen ist, als z B. die Speculation mit Getreide, eben gerade die Schwierigkeit, Eier sicher zu verpacken und fortzuschicken, die Meisten davon abhält; und doch muß ich sagen, denken viele sich die Sache riskanter, als sie wirklich ist. — Es wundert mich sehr, wie sich Leute allen Arten von Speculationen, selbst den ungewissesten, hingeben können, bei denen sie zum Theil nur ganz geringe Aussicht des Gelingens ihrer Speculation im Voraus haben können. — Ist nun die Speculation in jedem Artikel, eben als solche, jedesmal mehr oder weniger ein Wagniß (denn wenn man den Erfolg ganz genau vorher wissen könnte, wäre es keine Speculation mehr zu nennen, obgleich man in gewissen, alljährlich periodisch wiederkehrenden Geschäftsconjuncturen den glücklichen oder unglücklichen Verlauf derselben wissen kann), so kann dieselbe bei sicherer, guter und nicht kostspieliger Verpackung und bei guter Conservation, selbst bei einer Eiersendung von mehreren tausend Schocken auf einmal und bei höchstem Verkauf an jenen Orten nie fehlschlagen, indem in jeder großen Stadt, vornehmlich aber in London, jeden Winter hohe Eierpreise wiederkehren.

Es steht mithin fest, daß die Eierpreise in jedem Jahre eine Zeit lang sehr niedrige und eine Zeit lang sehr hohe sind, und dies in großen Städten vornehmlich der Fall ist, während in andern Geschäften, die außerdem ein viel größeres Anlagekapital beanspruchen, Geschäftsperioden eintreten können, die Jahre lang sehr hohen Gewinnst bei hohen Preisen gewähren, Jahre lang aber auch bei niedrigen Preisen den Unternehmer zu Grunde richten können, ohne daß kluge Geschäftsleute dies vorher wissen oder dem auch nur vorbeugen können.

Ich komme nun auf die von mir bei unseren sehr bedeutenden Eiersendungen angewendete Verpackung der Eier, welche den Hauptbedingungen, Billigkeit und Sicherheit vor Zerbrechlichkeit, vollkommen Genüge leistet, zurück.

Schon Jahre lang, ehe ich diese Geflügelzucht gegründet hatte, beschäftigte ich mich mit dem Gedanken, eine solche zu gründen, indem ich der großen Rentabilität zu gewiß war, und wenn sich mir Schwierigkeiten in dieser Hinsicht entgegenstellten, so kam ich nach mehrtägigem Nachdenken und Ueberlegen jedesmal glücklich darüber hinweg und auf diese Weise schritt ich zur Gründung einer solchen Anlage.

Eine von den vielen Schwierigkeiten, die sich mir bei Gründung eines derartigen landwirthschaftlichen Etablissements als unübersteiglich entgegenstellten, war die sichere Verpackung einer großen Anzahl von Eiern, ohne daß dieselben auf weiten Transporten beschädigt werden. — Aber auch über diese Schwierigkeit kam ich glücklich hinweg, indem sie meinem wiederholten Nachdenken bald weichen mußte. — Und in der That, man glaubt kaum, wie sicher man Eier gegen Zerbrechlichkeit verpacken kann, selbst wenn solche mehrmals aus- und eingeladen und selbst auf unebenen Wegen gefahren werden. — Eine gute Verpackung geschieht nun folgendermaßen:

Man kaufe gebrauchte Champagnerkörbe, die man in Gasthöfen, das Stück zu 2—3 Groschen in großer Menge bekommen kann. — In einen solchen Korb kann man 15 bis 20 Schock Eier verpacken. Man lege zu diesem Zwecke inwendig an die Seiten des Korbes, sowie auf den Boden desselben einfache, jedoch nicht geflochtene (denn diese sind zu hart) Strohdecken, ganz so beschaffen, wie solche die Gärtner bei Mistbeeten anwenden. Alsdann fülle man den Boden des Korbes 2—3 Zoll hoch mit Weizenkleie, und setze in diese

Schicht Ei bei Ei so dicht aneinander, daß ein Hin- und Herbewegen derselben nicht stattfinden kann, und zwar setze man die Eier der untersten Schicht, damit sie um so fester stehen, mit den Spitzen nach oben. Alsdann streue man nur wenig Kleie über diese Schicht Eier aus, und setze eine zweite Schicht derselben in die zwischen den Spitzen der ersten Eierlage befindlichen leeren Räume fest ein, jedoch so, daß diese Lage Eier mit den Spitzen nach unten kommt. Hierauf untersucht man durch sehr vorsichtiges Hin- und Herbewegen des Korbes, ob alle Eier unbeweglich fest stehen, und wenn dies der Fall ist, streut man etwas Weizenkleie auch über diese Schicht aus, welche durch behutsames Schütteln des Korbes nach und nach in die zwischen den Eiern befindlichen leeren Räume fallen wird, und fährt so lange mit Ueberstreuen und Schütteln des Korbes fort, bis sich die Kleie nicht mehr in die leeren Räume verkriecht und diese angefüllt sind.

Hierauf setzt man wieder eine Schicht Eier, jedoch mit den Spitzen nach oben, streuet Kleie so lange über, als dieselbe in die leeren Räume zwischen den Eiern fällt und bringt auf diese Lage Eier wiederum eine solche, die jedoch mit den Spitzen nach unten und zwar in die zwischen den Eiern befindlichen Räume gesetzt wird, und fährt mit Einschütteln der Kleie und Einsetzen der Eier so lange fort, bis der Korb bis auf 3 Zoll gefüllt ist, indem man über die oberste Schicht 2 Zoll hoch Weizenkleie ausbreitet, auf diese eine 1 Zoll hohe Strohdecke legt und verschließt alsdann den Korb sorgfältig. — Man hat bei dieser Art der Verpackung von Eiern nur darauf Bedacht zu nehmen, daß die Kleie so lange in einander geschüttelt werden muß, als nur irgend möglich ist, daß ferner über der obersten Schicht kein bedeutender leerer Raum entstehen darf, und vor allem die Eier so fest in einanber gesetzt werden, daß ein Hin- und Herbewegen derselben im Korbe nicht möglich ist. — Auf dem Transporte hat man nur darauf zu achten, daß die Körbe jedesmal mit den Böden und nicht mit den Deckeln nach unten gestellt werden.

So wüßte ich denn hier weiter nichts mehr mitzutheilen, als die Rechnung über den jährlichen Reinertrag oder Zusammenstellung der Einnahmen und Ausgaben der von mir ins Leben gerufenen Geflügelzüchterei, um eine mehrere hundertprocentige Jahresrente nachzuweisen und zu zeigen, daß, sobald die Mastung dieses Etablissements in der Größe effectuirt sein wird, als es der Absatz gestattet, diese Anlage sich jährlich noch mit einigen hundert Procenten höher verwerthen wird.

Als Einnahme für Eier und Geflügel wurden erzielt im Jahre 1858:

Für 11,060 Schock nach London gesendete Eier, von denen 2760 Schock à Schock zu 7 Schill., 1643 Schock zu 7 Schill. 6 Pence, 1626 Schock zu 8 Schill., 2063 Schock zu 8 Schill. 6 Pence, 643 Schock zu 9 Schill., 782 Schock zu 9 Schill. 4 Pence, 521 Schock zu 9 Schill. 6 Pence, 563 Schock zu 9 Schill. 8 Pence und 459 Schock zu 10 Schill. verkauft wurden (12 Pence = 1 Schill., 1 Schill. = 10 Sgr.),

					Thlr.	Sgr.	Pf.
2760 Schck.	à 7 Schill.	—	Pence	=	6440	—	—
1643 "	à 7 "	6	"	=	4107	15	—
1626 "	à 8 "	—	"	=	4336	—	—
2063 "	à 8 "	6	"	=	5745	—	—
643 "	à 9 "	—	"	=	1929	—	—
782 "	à 9 "	4	"	=	2412	26	8
521 "	à 9 "	6	"	=	1649	25	—
563 "	à 9 "	8	"	=	1814	3	4
459 "	à 10 "	—	"	=	1552	—	—

Sa. 11060 Schck. in London im Jahre 1858 verkaufte Eier kosteten . . . . 29946 10 —

Für 6023 Schock nach Wien gesandte Eier wurden folgende Preise erzielt:

602 Schck. à 2 fl. 20 kr. = 1 Thlr. 19 Sgr. =	983 Thlr.	8 Sgr.	— Pf.
407 Schck. à 2 fl. 30 kr. = 1 Thlr. 22½ Sgr. =	710 "	7 "	6 "
1209 Schck. à 2 fl. 40 kr. = 1 Thlr. 26 Sgr. =	2256 "	24 "	— "
963 Schck. à 2 fl. 50 kr. = 1 Thlr. 29½ Sgr. =	1909 "	28 "	6 "
1107 Schck. à 3 fl. = 2 Thlr. 3 Sgr. =	2324 "	22 "	— "
807 Schck. à 3 fl. 10 kr. = 2 Thlr. 6½ Sgr. =	1788 "	25 "	6 "
463 Schck. à 3 fl. 20 kr. = 2 Thlr. 10 Sgr. =	1047 "	— "	— "
465 Schck. à 3 fl. 30 kr. = 2 Thlr. 13½ Sgr. =	1139 "	7 "	6 "

Sa. 6023 Schck. in Wien im J. 1858 verkaufte Eier kosteten 12160 Thlr. 3 Sgr. — Pf.

Außerdem wurden für 587 große fette Kapaunen und 846 kleine Kapaunen, sowie für 66 gemästete Puter, 218 gemästete Enten, zu den Meßzeiten an Hôtelbesitzer in Leipzig verkauft, erzielt:

für 587 große Kapaunen ..	592 Thlr.
" 846 kleine Kapaunen ..	268 "
" 66 gemästete Puter ..	176 "
" 218 gemästete Enten ..	198 "
Summa	1232 Thlr.

In Wien wurden an gemästeten Geflügelstücken im Jahre 1858 verkauft:

567 große Kapaunen	603 Thlr.
1240 kleine Kapaunen	402 ″
86 Puter	238 ″
262 Enten	202 ″
173 Gänse	337 ″
Summa	1782 Thlr.

In Dresden wurden an Hôteliers geliefert:

182 Puter	502 Thlr.
256 Enten	168 ″
218 Gänse	378 ″
607 große Kapaunen	502 ″
2100 kleine Kapaunen	686 ″
Summa	2236 Thlr.

Es haben sich also die Einnahmen der Geflügelzucht im Jahre 1858 belaufen:

für 11060 Schock Eier in London	29946 Thlr. 10 Sgr.
″ 6023 ″ ″ ″ Wien .	12160 ″ 3 ″
″ fettes Geflügel in Leipzig ...	1233 ″ — ″
″ ″ ″ ″ Wien	1782 ″ — ″
″ ″ ″ ″ Dresden ..	2236 ″ — ″
Summa Summarum der Einnahme	47357 Thlr. 13 Sgr.

Hierbei muß ich bemerken, daß, wenn ich für Eier stets sehr annehmbare Preise erhielt, dies beim fetten Geflügel nicht der Fall war, da dies in jenen Städten mehrentheils noch theurer ist, als ich bekommen habe.

Dieser Einnahme ist die Summe der Ausgabe entgegen zu stellen, welche in Folgendem zusammengefaßt ist:

1) Werth und Zinsen desselben für 2 Joch Länderei, auf welcher die Geflügelzucht erbaut ist (1 Joch Länderei = 2¼ Magdeb. Morgen) = 675 Thlr. 4 Sgr. 4 Pf.,

im Werthe zu 150 Thlr. veranschlagt, à 5 Prozent Zinsen	33 Thlr.	— Sgr.	— Pf.
2) Zinsen für den Werth von 5000 Hühnern à 12 Sgr., 300 Enten à 12 Sgr., 180 Gänsen à 2 Thlr., 250 welschen Hühnern à 2 Thlr. und 2000 Kapaunen à 10 und 17½ Sgr., sowie für 400 junge Hühnchen à 5 Sgr. = circa 4000 Thlr. Werth, à 5 Prozent Zinsen gerechnet . .	200 „	— „	— „
3) Verlust durch Sterbefälle 10 Prozent, = ...	400 „	— „	— „
4) Löhnung für 10 männliche Dienstboten à Woche 3 fl. und 8 weibliche à Woche 2 fl.	1594 „	20 „	— „
5) Einkaufspreis für 5000 Schock im Sommer gekaufte Hühnereier à 15 Sgr.	2500 „	— „	— „
6) Zinsen für dieses in der Anlage verwendete Kapital à 5 Prozent gerechnet	125 „	— „	— „
7) Zinsen für ein Stallgebäude von 1900 Thlr. à 5 Prozent und für 20 Gewürmgruben à 8 Thlr. = 160 Thlr. à 5 Prozent	103 „	— „	— „
	Latus 4955 Thlr.	20 Sgr.	— Pf.

Transport 4955 Thlr. 20 Sgr. — Pf.

8) Zinsen für die Umfangs-mauer und 7 hölzerne Wände zwischen den einzelnen Hofabtheilungen = 380 Thlr. Werth à 5 Prozent .... 19 " — " — "

9) Kosten für die zur Gewürm-Erzeugung in den Gruben benutzten Stoffe, und zwar werden im Sommerhalbjahr in 2 Tagen 7 Gruben, im Winter pro Tag 2 Gruben geleert (dies wäre, wenn auch nicht ganz bestimmt, so doch eine ziemlich richtige Annahme) und jede Grube zu 2 Thlr. 6 Sgr. berechnet 2178 " — " — "

10) Kosten für 24 Wispel gefutterte Gerste à 46 Thlr. und für 30 Wispel Kartoffeln à 12 Thlr. ...... 1464 " — " — "

11) Zinsen für das zum Gewürm-, sowie zum Gersten- und Kartoffelfutter verwendete Kapital von 3542 Thlr. à 5 Prozent .... 177 " 2 " — "

12) Transportkosten für 11060 Schock Eier nach London (ein Ei wiegt, wenn es von dem gewöhnlichen Hühner-

Latus 8793 Thlr. 22 Sgr. — Pf.

	Transport	8793 Thlr.	22 Sgr.	— Pf.
	schlage und groß ist, 4 Lth., also 15 Stück nicht ganz 2 Pfd., und 60 Stück = 1 Schck. nicht ganz 8 Pfund.) — Ich nehme aber dennoch 8 Pfd. Gewicht für 1 Schck. Eier an, demnach wiegen 20 Schck. in einem Champagnerkorb eingepackte Eier 160 Pfd. und mit Emballage höchstens 200 Pfd.; 11060 Schck. Eier in 553 Champagnerkörben verpackt, à Korb = 200 Pfd., wiegen 1106 Ctr., à Ctr. von Prag bis London zu liefern kostet per Schiff 2 Thlr. 8 Sgr. . . .	2506 «	28 «	— «
13)	Transportkosten für 6023 Schck. Eier von Prag nach Wien macht für 302 Körbe, à 200 Pfd. Gewicht, = 550 Ctr., à Ctr. 1 fl. 10 kr. Fracht	449 «	5 «	— «
14)	Transportkosten für das Geflügel läßt sich pro Stück nicht genau berechnen und veranschlage ich, da es wagenweise per Eisenbahn geschah, nicht zu niedrig zu	200 «	— «	— «
	Latus	11949 Thlr.	25 Sgr.	— Pf.

Transport 11949 Thlr. 25 Sgr. — Pf.

15) Für circa 900 Champagnerkörbe, à Stück 3 Sgr. . . 90 , — , — ,

16) Für 49 zweispännige Fuhren mit Eiern nach Prag . . . 294 , — , — ,

17) Für außerdem geleistete Fuhren, um Bierträbern, Fleischreste und Erde heranzuholen 300 , — , — ,

18) Für Instandhaltung der Gebäude . . . . 30 , — , — ,

19) Kosten für zwei Niederlagen in London und Wien, woselbst außer 120 Thlr. Miethe in Wien und 160 Thlr. Miethe in London pro Schock in Wien 7 kr. und in London 3 Pence Tantième bewilligt, jedoch kein fixes Gehalt gezahlt, jedoch gestattet wird, andere Geschäfte nebenbei unternehmen zu können, 6021 Schock à 7 kr. = 2½ Sgr. . . . . 501 , 22 , 6 ,
und für 11060 Schck. à 3 Pence 901 , 20 , — ,

20) Verlust durch beschädigte Eier, indem durch Hinfallen beim Ausladen die Eier zerbrochen worden waren. 18 Schck. 3 Mdln. konnten jedoch noch zur Speise verwendet wer-

Latus 14067 Thlr. 7 Sgr. 6 Pf.

	Transport	14067 Thlr.	7 Sgr.	6 Pf.
ben und wurden, wenn auch viel billiger als 11060 Schck., dennoch zu 1 Schill. 4 Pence verkauft		8 ,	15 ,	— ,
21) Für von nicht zur Anlage gehörigen Arbeitern geleistete Tagelöhne		11 ,	6 ,	— ,
22) Für 2 Brutöfen, sonstige billige Geräthschaften, die bei der Anlage nöthig gebraucht werden, Kochen der verfütterten Kartoffeln . . .		203 ,	1 ,	6 ,
23) Für sonstige Ausgaben beim Transport der Eier, die man nicht vorher bestimmen kann, sowie für den Fall, daß von mir geringe Ausgaben nicht in Abrechnung gebracht sind		200 ,	— ,	— ,
Summa der Ausgaben		14490 Thlr.	— Sgr.	— Pf.
Die Summa der Einnahme betrug		47357 Thlr.	13 Sgr.	— Pf.
Die Summa der Ausgabe betrug		14490 ,	— ,	— ,

Demnach blieb im Jahre 1858 32867 Thlr. 13 Sgr. — Pf. als Reinertrag durch diese Geflügelzüchterei übrig.

Hierbei muß ich bemerken, daß gegenwärtig der Nettogewinn dieses Etablissements noch größer ist, weil eine größere Menge Geflügel gemästet wird, als dies im Jahre 1858 der Fall war.

Aus diesem Resultat des Reinertrags wird es wohl Jedem genugsam einleuchten, daß gegenwärtig nach achtjährigem Bestehen die von mir gegründete Geflügelzüchterei, da gegenwärtig höherer Nettogewinn erzielt wird, mit circa 300 Prozent jährlicher Rente abschließt.

Ich glaube kaum, daß mir Jemand bei obiger Berechnung von Ausgaben und Einnahmen den Vorwurf machen kann, daß ich eine mir günstige Rechnung gegeben, nämlich die Einnahmen zu hoch und die Ausgaben zu niedrig veranschlagt habe. — Sollten mir jedoch derartige Einwendungen gemacht werden, so bin ich gern bereit, den betreffenden Opponenten auf Verlangen die von meinem Buchhalter geführte Buchführung hierüber vorzulegen; im Gegentheil kann ich Jedermann aufrichtig versichern, daß ich die Ausgaben, um mich vor Einwendungen zu sichern, stets etwas zu hoch veranschlagte, was Sachkundige auch finden werden, und habe für den Fall, daß ich außer den angeführten Ausgaben dennoch solche vergessen haben sollte, die jedoch nur unbedeutend sein können, die Consumtion der auf den 7 Fürstlichen Gütern zum Wirthschaftsbedarf nöthigen Eier, die sich auf circa 450 Schock jährlich beläuft, sowie die Erzielung des Grubendüngers, von dem alljährlich circa 220 Fuder gewonnen werden und ich das Fuder nur zu $1\frac{1}{2}$ fl. veranschlagen will, absichtlich nicht mit unter den Einnahmen aufgeführt, wohl aber dennoch für vergessene Auslagen für die Geflügelzucht 200 Thlr. in der Ausgabe mit aufgeführt.

Es bewog mich, außer dem oben angegebenen Grunde, nämlich, um mich vor Vorwürfen sicher zu stellen, dazu auch noch die Gewißheit, daß es mir dennoch möglich sein würde, dem Publikum zu zeigen, auf welche Art und Weise ich aus der Geflügelzucht jährlich einige hundert Prozent Netto-Ertrag erziele.

Wenn ich in Zeit von einigen Jahren daher die Anlage insoweit vergrößert haben werde, wie es die Consumtion nur irgend gestattet und der Absatz möglich ist, was vornehmlich hinsichtlich der Geflügelmastung — in welcher dieses Etablissement noch bedeutend vergrößert werden kann — gilt, wenn außerdem Hühnerracen, vornehmlich auch Truthühner und Gänse, welche Geflügelarten am theuersten bezahlt werden, in noch bedeutenderer Anzahl zur Mast aufgestellt werden, wozu allerdings wenigstens noch ein Zeitraum von einigen Jahren gehört, so wird es Jedem wohl einleuchtend sein, daß ich die durch die Geflügelzucht zu erzielende Rente nach und nach bis auf 1000 Prozent bringen werde.

Und so glaube ich denn hinreichend bewiesen zu haben, was für unermeßlichen Gewinn sich ein Jeder — er gehöre, zu welchem Geschäftsstande er wolle — aus diesem anscheinend unbedeutenden Zweige der Landwirthschaft, der Federviehzucht, durch verständige Züchtung ohne große Geldausgaben und ohne großes Risico verschaffen kann.

Dritter Abschnitt.

Das Cochinchina-, Bramabutra- und Dorkinghuhn als die sich zur Mastung am vortheilhaftesten qualificirenden Hühnerracen.

In der von mir eingerichteten Geflügelmastung werden die in jeder Hinsicht vortheilhaftesten obigen 3 Hühnersorten gemästet, weshalb ich deren Besprechung hier nachfolgen lasse. —

1. Der Cochinchina-Hühnerstamm, aus Schanghai, noch von Andern Shanghae genannt, zeichnet sich vor allen bis jetzt bekannten Abarten des Hühnergeschlechts vornämlich durch seine Größe, die von keiner aller anderen Abarten erreicht wird, sowie durch ein friedliebendes, ruhiges Wesen, und die Hennen außerdem noch durch fleißiges Eierlegen aus und stehen als gute Bruthennen unter allen Abarten oben an. Der Hahn dieser Hühnersorte imponirt durch seine außergewöhnliche Körpergröße und Stärke der einzelnen Körpertheile und erreicht fast die Höhe von 2 Fuß bei gutem und hinreichendem Futter und sorgfältiger Behandlungsweise. — Männliche Exemplare dieses Hühnerschlages wiegen bis 12 Pfund, meistentheils aber von 9 Pfund an, weibliche bezüglich 8 und 6 Pfund. Schnabel und Beine dieses Geflügels sehen weißlich gelb oder hochgelb aus und sind nur etwa bis zur Hälfte herunter befiedert. — Man hat dieselben gegenwärtig in allen Farben, während die ursprünglichen die gelblichgrauen sind. — Ganz schwarze und weiße gehören zu

den Seltenheiten und gehören daher mehr unter die Luxus- als unter die Nutzflügelsorten.

Die Flügel der Cochinchina's sind im Verhältniß zu der gedrungenen und breiten Körperform sehr klein, weshalb die Individuen dieser Hühnersorte sich nur 2 bis 3 Fuß hoch von der Erde sprungweise erheben können; die Schwanzfedern, welche bei dem Männchen kurz gekrümmt herabhängen, sind nur bei diesem sichtbar, während dieselben beim Weibchen von den Flügelfedern fast gänzlich bedeckt sind, dahingegen ist die Befiederung des hinteren Theiles des Körpers im Vergleich zu anderen Hühnersorten eine sehr starke zu nennen und dient vornämlich nebst der ungewöhnlichen Größe und starken Beschaffenheit aller Körpertheile diesem Hühnerschlage zur Charakteristik.

Hinsichtlich ihrer Eigenschaften mit dem gewöhnlichen Universalhühnerschlage verglichen, zeichnen sich die Cochinchina's namentlich auch durch fleißiges Legen aus. Es ist dieser Hühnerart nichts Seltenes, daß eine Henne wöchentlich 5 bis 6, ja sogar 7 Eier legt, und damit wochenlang, ohne zu pausiren, fortfährt. Als gute Bruthennen habe ich ihrer oben bereits erwähnt, und theile zu ihrem Lobe nur noch mit, daß die Hennen, sobald sie dazu animirt werden, in einem Jahre mehrere Mal brüten. Ausnahmsweise habe ich selbst einige Fälle dieser Hühnersorte erlebt, daß Hennen während der Brutzeit einige Eier legten, ohne sich dadurch von ihrem Brutgeschäft abhalten zu lassen. Es klingt dies Ereigniß sehr fabelhaft, und ich würde es, wenn ich es nicht eben selbst erlebt hätte, der Unwahrscheinlichkeit halber nicht mittheilen, bürge aber, da ich Augenzeuge davon war, für die völlige Richtigkeit des hier Gesagten.

Unerwähnt darf ich hier in Betreff dieser Hühnersorte nicht lassen, daß junge Hähne derselben, welche zu Kapaunen gemacht werden sollen, erst später dieser Operation unterworfen werden können, indem es eine ganz besondere Eigenthümlichkeit dieser Hühnerart ist, daß junge Cochinchina's männlichen Geschlechts bis zu einem späten Alter in ihrer geschlechtlichen Entwickelung zurückbleiben.

Dahingegen ist ein 6monatliches, männliches Exemplar dieser Hühnerrace wenigstens ebenso schwer, als ein $1\frac{1}{2}$jähriger Kapaun des Landhühnerschlages, woraus die ungemein vortheilhafte Qualification dieser Race zur Mästung sich genügend herausstellt, um so mehr noch, da Kapaunen dieser Race feineres und schmackhafteres Fleisch haben, als die Landhühnerkapaunen.

In Betreff des Namens theile ich noch mit, daß diese Hühnerrace nicht aus Cochinchina, sondern aus Schanghai stammen soll, daher denn auch erklärlich ist, daß neben dem Namen „Cochinchina" dieselben auch Schanghai's genannt werden. — So viel ist ganz sicher festgestellt, daß Cochinchina's im Süden von China gar nicht bekannt sind, während dieselben in und um Schanghai, aus welcher Gegend sie nach dem Kriege nach Europa eingeführt sind, sehr häufig vorkommen.

Da die Exemplare dieser Thiere, im Verhältniß zu ihrer Größe, einen verhältnißmäßig engen Brustkasten haben, so dürfen sie bei der Mästung — und vornehmlich durch die Stopfmaschine — nicht zu sehr angegriffen werden, wenn man nicht Gefahr laufen will, viele dieser Exemplare todt zu stopfen.

2. Das Brahma-Putra-, auch Brahma-Pootra- oder Brahma-Putra-Huhn, kommt in der Größe fast dem Cochinchinastamme gleich, übertrifft dieses letztere aber hinsichtlich des Eierlegens, weil Hennen dieser Abart mit wenigen Ausnahmen täglich legen. — (Es ist selbstverständlich, daß hier-

mit nicht gesagt sein soll, daß diese Race im Winter und Sommer täglich legt, sondern es ist hiermit nur die gewöhnliche Legezeit gemeint, da in der Mauserzeit keine Art Hühner Eier legt.) Auch wiegen die Eier dieser Hühnersorte schwerer als die der Cochinchina's, deren Eier im Verhältniß ihrer Körpergröße klein sind. — Brahma=Butra=Eier wiegen in der Regel 5 bis 6 Loth; ein größeres Gewicht gehört zu den Seltenheiten und scheint mir ein Gewicht von 8 Loth für 1 Ei, was theilweise angepriesen wird, sehr unwahrscheinlich, da trotz der bedeutenden Menge von Eiern dieses Schlages, welche ich bisher gesehen habe, das schwerste derselben noch nicht volle 7 Loth wog. — Gegründet ist aber die Aussage, daß die Hennen dieser Hühnersorte in der Regel über 200 Stück Eier jährlich legen und bei sorgfältiger Pflege, nämlich reichlichem Futter im Sommer und Winter und Heizung des Stalles in letztgenannter Jahreszeit, jedes Individuum dieser Hühnerart 4 Schock Eier pro Jahr legt. In Bezug auf die bei den Cochinchina's oben mitgetheilten Eigenschaften eines ruhigen, friedliebenden Wesens, gilt dasselbe für diese Hühnersorte, die unter einander sehr verträglich sind. Dieses große Phlegma ist mit Hauptgrund, weshalb sich die Cochinchina's und Brahma's leicht mästen, indem sanguinische Thiere sich zur Mastung nie gut qualificiren, denn Ruhe und Rast ist ja schon halbe Mast. —

Vermöge ihrer großen Körperbeschaffenheit erlangen die Brahma's ein den Cochinchina's nur wenig nachstehendes, oft gleiches Gewicht, und sind wie diese ebenfalls schlechte Flugvögel, indem sie nur etwa 3 Fuß sich über die Erde fliegend emporheben können. — Diese von schön silbergrauer Farbe aussehende Hühnerrace stammt, wie der Name sagt, aus der Gegend des Brahma=Butra=Flusses in Indien, von wo dieselbe zuerst nach England importirt worden ist.

In Bezug auf die Einfuhr dieses sowie des Cochinchina-schlages theile ich hier gemeinschaftlich noch folgendes mit:

Die Individuen der zwei so werthvollen Brahma-Butra- und der Cochinchinaracen, welche durch die erste Importation in England einheimisch gemacht wurden, bestanden bei ersterer Art in jenen meist mit silbergrauem, sehr glänzendem Gefieder ausgestatteten und bei letzterer meistentheils aus jenen fahlgelben und rothbraunen Züchtungsexemplaren, wie solche jetzt zwar ziemlich häufig in Deutschland angetroffen werden, unter ihnen aber sehr selten vollkommen gut ausgebildete, echte Exemplare zu finden sind. Den importirten Individuen dieser zwei Hühnerracen, welche sich zuerst nur im Besitze der Königlichen Hühnerhöfe in England befanden, fehlte es längere Zeit an Zuführung frischen Raceblutes, bis sich endlich mehrere reiche Privatleute Englands vereinigten, und Exemplare dieser zwei stammverwandten großen Hühnerracen nach Europa importirten. Von jener Zeit an fing man in England an große Sorgfalt auf die Züchtung dieser zwei Racen zu verwenden, deren anerkannt gute Eigenschaften man bald kennen gelernt hatte; zu diesem Zwecke gingen die größten Züchter Englands hierin mit einander gemeinschaftlich Hand in Hand und producirten auf diese Weise die den Raceneigenthümlichkeiten entsprechenden vorzüglichsten Normalexemplare. Die Engländer unterscheiden diese letztern Züchtungsformen dieser zwei Hühnerracen sehr von den zuerst nach England importirten, welche man späterhin von dort aus über Belgien nach Deutschland einzuführen fortwährend sich bemühte, was denn mit der Zeit immer mehr und mehr gelang. — Wer Gelegenheit hat, diese zuletzt erzielten Züchtungsformen mit den Nachzüchtungen der zuerst nach England importirten Exemplare dieser zwei Racen zu vergleichen, wird den auffallend wesentlichsten Unterschied zwischen diesen beiden Züchtungsformen finden, und deutlich ersehen, was wir den Englischen Hauptzüchtern, welche unverdrossen die zweckmäßigsten Züchtungsprincipien verfolgen, zu verdanken haben.

Noch muß ich bemerken, daß man in England die Nachkömmlinge der zuerst importirten Cochinchina's, welche nur allein auf dem Königlichen Hühnerhofe zu Windsor gezogen wurden, Windsor oder Old-Windsor breed, die alte Windsor-Zucht, nennt. Dieselben haben im Bau gewisse Eigenthümlichkeiten, welche einige Sachkenner einer zufälligen Kreuzung mit der in England sehr gebräuchlichen Dorking-Hühnerrace zuschreiben wollen.

Um auf den Einfluß aufmerksam zu machen, durch welchen Dorking's bei einer Kreuzung mit einer anderen Hühnerart sich durch die Nachkommenschaft charakterisiren, bemerke ich in Betreff der Dorking- und Brahma-Putra-Race, daß die von James Howard in Bedford gezüchteten Dorking-Malay-Bastarde dem Brahma-Putra-Hühnerschlage sehr ähnlich sind.

Die Brahma's haben wie die Cochinchina's einen engen Brustkasten und dürfen während der Mastung mit der Stopfmaschine nicht zu sehr vollgestopft werden.

3. In England steht hinsichtlich des landwirthschaftlichen Nutzens den beiden vorbenannten Hühnersorten das Dorking-Huhn würdig zur Seite.

Ueber die Abstammung dieser Hühnerart ist man in England selbst noch zu keinem befriedigenden Resultate gekommen, trotzdem man mit dem größten Eifer nach dem Ursprunge derselben geforscht hat. — Viele Englische Züchter behaupten, es sei ein ursprünglich Englisches Stammhuhn, ebenso Viele aber stellen die Behauptung auf, als sei dasselbe zur Zeit des Römerreiches in England eingeführt worden. — Wie gesagt, es sind dies jedoch nur Muthmaßungen, die bestimmt erwiesenen nie gleich gestellt werden können.

So gewiß es auch ist, daß die alten Bewohner Englands in Schriften ihren Nachkommen über den Ursprung des Dorking-Huhns gar nichts hinterlassen haben, ebenso thatsächlich steht fest, daß das Züchtungsverfahren der Engländer in neuerer Zeit durchgängig Exemplare dieser Race producirt hat, die rücksichtlich guter Eierproduktion, sehr geschmackhaften Fleisches und großer Körpergröße sehr befriedigende Resultate geliefert haben und jene drei Haupteigenschaften durch die Ausdauer, mit welcher die Engländer nach gewissen Regeln fort und fort züchten, in jenem Hühnerschlage constant geworden sind. — Gegenwärtig hat man in England Exemplare der Dorking's, welche den Cochinchina's und Brahma's an Schwere höchstens um 2 Pfd. nachstehen, und da es sich selbst durchgehends bewährt hat, mit wie großer Bestimmtheit die Englischen Hauptzüchter nicht allein hinsichtlich der Nachzucht der Hühner, sondern auch in Betreff aller übrigen landwirthschaftlichen Hausthiere die Eigenschaften der Abkömmlinge, bevor dieselben geboren sind, anzugeben vermögen (ich mache hierbei nur auf die zum Theil unter sehr hohen Preisstellungen abgeschlossenen Wetten, welche in England oftmals vorkommen, aufmerksam), so darf es hier nicht befremden, wenn ich mittheile, daß Englische Hauptzüchter der Ansicht sind, mit Hülfe ihrer thatsächlich als zweckmäßig erwiesenen Züchtungsprincipien, welche sie mit der größten Ausdauer fort und fort anwenden, mit der Zeit noch in jeder Beziehung vollkommenere Exemplare der Dorking's, als man gegenwärtig besitzt, zu erzielen. — Ich darf wohl annehmen, daß außer mir gewiß die Mehrzahl der Hühnerfreunde Deutschlands den Englischen Hauptzüchtern hierin völlig beistimmen wird, da diesen als den ersten Hauptzüchtern, die überhaupt existiren, außer der größtmöglichsten Sachkenntniß, eben so große und hierbei eben so nöthige Ausdauer eigen ist. Da die Dorking's unter allen Hühnerracen den verhältnißmäßig breitesten Brustkasten haben, so eignen sie sich besonders gut zur Mastung, indem sie den Mastungsprozeß am leichtesten aushalten.

Vierter Abschnitt.

Die Züchtungsprincipien der Engländer, die allein zweckmäßigen, nach welchen man mit Vortheil Geflügel züchtet.

Bei der Zuzucht nicht allein der Hühner, sondern aller landwirthschaftlichen Hausthiere ist es stets von großem Vortheil, wenn von Zeit zu Zeit männliche Exemplare frischen Blutes, welche aus denselben Züchtungen abstammen, benutzt werden, indem thatsächlich erwiesen ist, daß der Typus der betreffenden Race hierdurch nur constanter gemacht wird.

Hinsichtlich der so merkwürdigen Erfolge einer rationell geregelten Züchtung der landwirthschaftlichen Hausthiere könnte ich vor allen anderen vornehmlich hierauf Bezug habenden Beispielen die Pferdezucht anführen, indem thatsächlich erwiesen ist, daß zu Anfang dieses Jahrhunderts in unserem Deutschen Vaterlande durch unzweckmäßige Paarung nicht nur manche Pferderace verschlechtert, sondern fast gänzlich eingegangen ist, und daß viele Jahre dazu nöthig waren, um in dieser Beziehung wieder das Ziel zu erreichen, welches man schon lange Zeit vorher erstrebt hatte.

Aber auch die Züchtung einzelner Hühnerracen ist durch Anwendung eines unzweckmäßigen Züchtungsverfahrens, verbunden mit in jeder Hinsicht sorgloser Pflege, statt vorwärts, rückwärts geschritten.

Leider hat diese traurige Erfahrung eine in früheren Zeiten nach Norddeutschland importirte Hühnerrace machen müssen, was unserem Deutschen Vaterlande allerdings nicht zur Ehre gereicht. Ich meine hiermit das in früherer Zeit durch Levantische Kaufleute von der Küste des Mittelländischen Meeres nach Hamburg eingeführte, sogenannte Hamburger Huhn, welches in England ebenfalls unter dem Namen „Hamburgh" bekannt ist, und gegenwärtig noch in jeder Hauptgeflügelzüchterei Englands anzutreffen ist. — Seit einigen Jahrhunderten ist diese Hühnerrace sowohl in England, als auch in Hamburg kultivirt worden. — Der Unterschied aber zwischen der Nachzucht dieser einen und derselben Hühnerrace, wie solche einestheils in England, anderntheils in Hamburg jetzt vorhanden ist, ist so groß, daß die aus Hamburger Züchtungen hervorgegangenen Hühner, wenn denselben von den Englisch-Hamburger Hühnern nicht frisches Blut zugeführt worden wäre, fast werthlos sind gegen die von Englischen Züchtern gezüchteten sogenannten Hamburgh's.

Ich theile nun hier in Kürze die Regeln mit, nach welchen alle Englischen Hauptzüchter — und zwar mit sichtlichem Vortheil — züchten, und welche man festhalten muß, wenn man aus der Geflügelzucht nicht nur größtmöglichsten Vortheil ziehen, sondern die Nachzucht immer mehr und mehr vervollkommnen will.

1. Man wähle Hahn und Henne, welche durch ihre Eigenschaften dem Racentypus entsprechen, und sehe also bei ersterem vornehmlich auf große, starke und abgerundete Körperformen, bei letzterer, außer der entsprechenden äußeren Gestalt, noch auf gute und große Eierproduction, und paare dieselben in dem Verhältnisse, daß auf 1 Hahn 12 bis höchstens 20 Hennen kommen.

2. Von der aus solcher Paarung producirten Nachzucht, welche die erste Generation bildet, wähle man zur Zuzucht

für das folgende Jahr nur die vollkommensten Hennen aus, und paare diese letzteren wieder in dem Verhältniß von 1 zu 12 bis 20; jedoch darf hierzu nicht wieder der Vater dieser Hennen genommen werden, sondern es muß ihnen ein anderer Hahn zugetheilt werden, der von demselben Racentypus, als der Vater der Hennen (der Hahn der ersten Generation) war.

3. Ebenso wenig darf bei der Production der zweiten Generation (welche von den sub 2 zur Zuzucht verwendeten und aus den sub 1 hervorgegangenen Hennen gebildet wird) eine nächste seitenverwandtschaftliche Paarung (zwischen Hühner und Hennen derselben Züchtung) in Anwendung kommen, und hat man bei Kreuzungszüchtungen diese Regel, gegen welche sehr oft verstoßen wird, ganz besonders zu beobachten.

4. Bei der Bildung der dritten Generation hat man, um einen Rückschlag oder Verminderung des Racentypus zu vermeiden, ebenso bei der Paarung zu verfahren, wie bei der Züchtung der zweiten Generation.

5. Ist man bei Anwendung der vorbenannten Regeln bis zur Bildung einer dritten Generation gelangt, so ist ein Zurückgehen in den Race-Eigenthümlichkeiten bei den aus dieser Generation zu producirenden Generationen nicht mehr zu befürchten. — Um aber den Racentypus dennoch constanter zu machen, ist es sehr rathsam, bei Vermeidung von allen seitenverwandtschaftlichen Paarungen, von Zeit zu Zeit Hähne derselben Race, welche aber aus einer andern, durch eben dieselben Principien producirten Züchtung producirt sind, bei weiteren Fortzüchtungen zu verwenden.

Bei allen Kreuzungszüchtungen ist folgendes noch in Erwägung zu ziehen:

Wenn bei vorzunehmenden Kreuzungsversuchen solche Hennen verwendet werden sollen, die nach ihrer Racen- oder

Varietäts-Eigenthümlichkeit im Vergleich zu ihrer Körpergröße nicht allzu große Eier legen, wie solches z. B. bei den Cochinchina-Hennen der Fall ist, so theile man diesen Hennen nicht einen Hahn zu, der einer Race oder Varietät angehört, die sich durch Production besonders großer Eier auszeichnet, weil auf solche Weise das Racenblut der ersteren auf eine im Vergleich zur Körpergröße der durch die Kreuzung zu erzielenden Hennen nachtheilige Verengung des Eierganges einwirken würde. — Dahingegen kann der entgegengesetzte Fall, wenn nämlich z. B. ein Cochinchinahahn mit Hennen gepaart wird, die nach ihrem körperlichen Größenverhältnisse sehr große Eier legen, bezüglich der Eierproduction nur vortheilhaft auf die zu erzielenden Generationen einwirken.

Ebenso wichtig ist bei der Akklimatisation und Züchtung fremder Hühnerarten, welche von größerer Körperschaffenheit sind und mehrentheils aus wärmeren Länderstrichen stammen und bei uns importirt worden sind, was vornehmlich für die Schanghai- und Brahma-Butra-Racc gilt, daß man sich bei der Zucht von Exemplaren dieser größten Racen vornehmlich an Frühbruten hält, indem diejenigen jungen Individuen dieser zwei Hühnerracen, welche später als bis zum Monat Mai ausgebrütet werden, vor Winter nicht mehr auswachsen und im folgenden Frühjahre bei Weitem die Größe der alten nicht mehr erreichen. In Folge davon legen diese im Wachsthum beschränkten Hennen vor Mai keine Eier, brüten dann solche erst im Juni aus, wodurch diese Jungen dann abermals kleiner werden, weshalb, wenn man hierauf nicht Acht hat, man in einem Zeitraume von 5 bis 6 Jahren selbst von den großen Cochinchina's und Brahma-Butra's wiederum eine unvortheilhafte, kleine, unansehnliche und unserem Landhühnerschlage sehr ähnliche Hühnersorte ohne Wissen und Willen heranziehen würde.

Ueberhaupt, wäre es uns möglich, sowohl Behufs reiner

Racenzüchtung, als auch Behufs der Kreuzungszüchtung dergleichen Normalexemplare zu verwenden, so würden wir stets nur zu den befriedigendsten Resultaten gelangen. — Im Besondern glaube man aber nicht, daß bei beabsichtigten Kreuzungszüchtungen es weniger darauf ankomme: ob zu denselben Exemplare verwendet werden, bei welchen der betreffende Racen- oder Varietäts-Typus möglichst umfangreich sich zu erkennen gebe oder nicht. — Gerade bei versuchten Kreuzungszüchtungen liegen uns für eine gegentheilige Meinungsaufstellung die unverkennbarsten Beweise vor. Nur ausnahmsweise dürfte z. B. die aus einer Kreuzungszucht guter Landhennen mit einem Cochinchinahahn, dessen Racentypus in den Einzelheiten nicht besonders hervortritt, hervorgegangene Brut nach sechs- bis siebenmonatlichem Alter derselben namentlich jene Größe und jenes Gewicht erreichen, als solches der Fall ist, wenn die vorher angeführten Verhältnisse bei der betreffenden Kreuzungszüchtung Berücksichtigung finden konnten. — Es sind öfters von aufmerksamen Deutschen Züchtern auf diese Weise schon Hähne herangezogen, die bei einem Alter von sieben Monaten eine Höhe von 22 Zoll, einen Umfang um Schulter und Flügel von 19 Zoll, und im magern Zustande mit leerem Kropfe ein Gewicht von 5 Preußischen Pfunden hatten. — Die Eierproduction der diesen Züchtungen zugehörigen Hennen war ebenfalls eine vorzügliche zu nennen, da dieselben eine Größe von $2\frac{1}{4}$ Zoll Längen- und $1\frac{5}{8}$ Zoll Querdurchmesser erreichten.

Wenn überhaupt nicht gut anzunehmen ist, daß sämmtliche — gleichviel, ob bekannte oder uns zur Zeit noch unbekannte — Hühnerrace und Varietäten sich hinsichtlich der Abstammung auf eine einzige Grundrace zurückführen lassen, da die Zoologie schon mehrere wilde Hühnerracen nachweist, so muß man in dieser Hinsicht annehmen, daß das Vorhandensein der vielen existirenden Hühnervarietäten, die sich mehr oder weniger durch gewisse Vorzüge charakterisiren, zufälligen oder absichtlichen Kreuzungszüchtungen beizumessen ist. — Aufmerksamen Beobachtern ist es aber auch ferner nicht entgangen, daß, ganz abgesehen von eigentlichen Kreuzungszüchtungen, selbst schon die Zuführungen sogenannten frischen Blutes aus einer und derselben Race oder Varietät, wie ich schon oben bemerkte, nach und nach zur wesentlichsten Vervollkommnung der betreffenden Hühnersorten beigetragen hat.

Es kann hierbei keineswegs genügen, die Richtigkeit der vorangestellten Ansichten durch erzielte, sehr günstige Erfolge eigener Züchtungsversuche nachzuweisen, indem man zu einer derartigen Nachweisung umfangreichere, seit längerer Zeit bestehende Resultate nöthig hat; da aber von den Züchtern keiner Nation hierin so geregelte Züchtungsprincipien beobachtet worden sind, als wie die Englischen Hauptzüchter seit sehr langer Zeit angewendet und verfolgt haben, so müssen wir Deutschen Züchter hierin auf das sorgfältig achten, was sowohl Englische Hauptzüchter der Vorzeit an Erfahrung hierüber hinterlassen haben, und was solche der Gegenwart für Erfolge alljährlich hierin machen; und nur die Englischen Züchter sind bei der größten Ausdauer, durch unausgesetzt geregelte und mehrere Menschenalter hindurch fortgesetzte, zweckmäßige Versuche, hinsichtlich der Nachzucht zu Exemplaren gelangt, von denen, wie z. B. bei dem Dorkinghuhne — was ich oben schon angeführt habe — die Nachkommenschaft die Vorfahren an Vollkommenheit übertrifft.

Als die ersten Englischen Züchter der Gegenwart sind zu nennen: John Baily, London (113 Mount-Street, Grosvenor-Square), Nolan in Dublin, Punchard in Blunts-Hall bei Haverhill in Suffolk, ferner Potts, Sturgeon, Gilbert, Hornby, Bowmann.

Fünfter Abschnitt.

Die gewöhnlichsten Krankheiten des Geflügels und deren Heilung.

In diesem Abschnitte vorliegender Schrift bringe ich diejenigen Heilmittel zur Sprache, die bei kranken Exemplaren in Anwendung zu bringen sind. Es sind dies nur wenige an der Zahl und nur Hausmittel, welche aber in den meisten Fällen ihren Zweck, nämlich Wiederherstellung der Gesundheit der kranken Individuen, vollkommen erfüllen.

Es wird Jedem bekannt sein, daß die Veterinairkunde sich noch sehr wenig mit der Kur kranken Geflügels befaßt und für die Geflügelzucht bis auf die Jetztzeit sehr wenig — richtiger gesagt, gar nichts — gethan hat.

Bei dem sehr untergeordneten Standpunkte, welchen die Geflügelzucht im Vergleich zu der der meisten anderen, landwirthschaftlichen Hausthiere in unserem Deutschen Vaterlande gegenwärtig noch einnimmt, indem dieselbe fälschlicher Weise nur als nothwendiges Uebel einer Landwirthschaft, oder als Nebensache und Spielerei derselben fast von allen Landwirthen Deutschlands angesehen wird, wird man mir beipflichten, wenn ich mich leider dahin aussprechen muß, daß auch in der Zukunft die Thierheilkunde sich mit den Krankheiten des Geflügels wahrscheinlich ebenso wenig beschäftigen wird. — Im Grunde genommen, kann man sich hierüber auch gar nicht wundern, da selbst in England, wo Exemplare des Nutzgeflügels zum Theil bis 100 Pfd. Sterling bezahlt werden, hierin noch sehr wenig geschehen ist, indem die Englischen Züchter ebenfalls in Krankheitsfällen des Geflügels zu Hausmitteln, die meistentheils helfen, ihre Zuflucht nehmen.

Es ist dies nun einmal — so bedauernswerth es auch ist — vor der Hand nicht zu ändern, so lange nämlich die große Rentabilität der Geflügelzucht noch so wenig bekannt ist, als es bis auf die Gegenwart der Fall ist. Außerdem verschuldet dies der Umstand, daß nur Wenige an mit kranken Exemplaren anzustellenden Kurversuchen Interesse finden, indem den Meisten das Objekt zu klein erscheint und sie die kranken Exemplare ohne Hülfe, sich allein überlassen, und auf das Sprüchwort: „Vogel, friß oder stirb!" Bezug nehmend, in ihrem Elend verkümmern lassen.

Da es mich von dem Zweck des gegenwärtigen Abschnittes dieser Schrift hier zu weit abführt, so verweise ich hinsichtlich der Wichtigkeit dieses Gegenstandes auf die große Rentabilität der Geflügelzucht, welche in Abschnitt II. und VI. nachzusehen ist, und gehe hier auf die Beschreibung der am häufigsten vorkommenden Krankheiten des Geflügels ein.

1. Der Pips, eine der gewöhnlichsten Krankheiten des Hühnergeschlechts, kann seinen Ursprung aus verschiedenen Ursachen haben; er tritt unter den Hühnersorten vornehmlich dann auf, wenn dieselben hinsichtlich der Reinlichkeit der Ställe nicht mit der nöthigen Sorgfalt behandelt werden, oder übelriechendes, fauliges Wasser zum Saufen vorgesetzt bekommen, außerdem aber auch durch Erkältung des Magens.

Die mit dieser Krankheit behafteten Geflügelstücke werden von einem fieberhaften Katarrh befallen, dem sich noch hoher Entzündungsgrad der Zunge und des Halses zugesellt.

Die Merkmale dieser Krankheit sind folgende: Die davon befallenen Individuen athmen mit aufgesperrtem Schnabel und lassen zuweilen einen Ton hören, der sich wie „Pips" anhört, woher der Name dieser Krankheit rührt; außerdem fressen die vom Pips befallenen Thiere nicht, halten sich einsam, verkriechen sich und sind überhaupt in ihrem ganzen Wesen sehr traurig, so daß man ihnen die Krankheit gleich ansieht; zuweilen machen sie mit dem Kopfe eine Bewegung, als ob sie niesen wollten und wonach sich durch die Nasenlöcher eine weißlich aussehende, schleimige Flüssigkeit absondert. — Während des ersten Verlaufes dieser Krankheit entsteht auf der Spitze der Zunge eine verhärtete Haut, sowie auch bei dieser Krankeit, wie bei allen andern, der Kamm stets blaßroth und bei Zunahme der Krankheit weißlich wird.

Den von dieser Krankheit befallenen Thieren muß man schnelle Hülfe leisten, indem gerade diese Krankheit auf den Hühnerhöfen alljährlich große Opfer fordert.

Zuerst stecke man die an dieser Krankheit leidenden Thiere allein in einen Stall, was übrigens bei jedem Krankheitsfall von Bedeutung geschehen muß; dieser Stall muß mäßig warm gehalten werden, mit guter Strohstreu und mit lauwarmem Wasser zum Saufen versehen sein.

Um nun die Heilung der von dieser Krankheit befallenen Individuen zu bewirken, löst man mit einem scharfen Messer die verhärtete Haut von der Zungenspitze ab, bestreicht hierauf die letztere mit irgend einer Art Oel oder flüssiger — jedoch ungesalzener — Butter und giebt etwas verhärtete, in Spießglanz oder Ofenruß getauchte Butter ein, und sieht genau darauf, daß dies hinuntergeschluckt werde.

Nach diesem ist das Beste, die so behandelten Thiere mindestens einen halben Tag hungern zu lassen, und bringe man sie nach dieser Zeit zum Fressen auf grüne Rasenplätze, weil diese Nahrung ihnen am zuträglichsten ist.

2. Die Epilepsie befällt auch zuweilen Geflügelstücke und ist, wenn sie bei denselben Individuen oft repetirt, un-

heilbar; bei solchen Thieren kann man keine weitere Kur mit Erfolg anwenden, und man thut wohl, sie zu schlachten. — Es ereignet sich zuweilen aber, daß einzelne Exemplare beim übermäßigen Genuß von Käfern, welche vermöge ihres zähen Lebens, nachdem sie längst verschluckt sind, im Magen noch fortleben, von dieser Krankheit befallen werden. — Bei solchen Exemplaren hat man nur darauf zu sehen, daß dieselben nie übermäßig mit Käfern gefüttert werden.

Uebrigens ist diese Krankheit nie tödtlich, wiewohl sie bei den Individuen, welche sehr oft davon befallen werden, sehr abzehrend wirkt.

3. Die sogenannte Darre besteht in der Entzündung der Drüsen über dem After; man bestreiche die entzündeten Theile mit Thran, wodurch die Entzündung meistentheils beseitigt wird.

Zur sogenannten Mauserzeit, in welcher die Hühner oft plötzlich alle ihre Federn verlieren und oft nackend werden, behandle man dieselben vorzugsweise mit großer Sorgfalt; im Uebrigen sorge man für warme Stallung und lauwarmes Wasser zum Saufen. — Beobachtet man diese Sorgfalt in der Mauserzeit nicht, so entstehen daraus oft sehr verheerende Krankheiten.

4. Die sogenannten Hühnerläuse. — Durch zu langes Liegenlassen des Federviehmistes in den Hühnerstallungen werden viele Exemplare ein Opfer des Todes und können durch diese Vernachlässigung die meisten seuchenartigen Krankheiten des Geflügels herbeigeführt werden. — Wenn aber solche Vernachlässigung der Hühner dennoch glücklich abgeht und keine Krankheiten unter denselben ausbrechen, so werden durch zu langes Liegenlassen der Excremente in den Hühnerstallungen dennoch andere Uebelstände herbeigeführt. — Es entstehen nämlich durch diese Vernachlässigung stets die soge-

nannten Hühnerläuse in größerer oder geringerer Zahl, eine wahre Plage für die Hühner. Die damit behafteten Thiere bestreiche man an den schlimmsten Stellen mit Terpentinöl, oder tauche sie, indem man den Schnabel zuhält, in Wasser, in welchem Wermuth gekocht worden ist, wodurch dieses Ungeziefer stirbt.

Außerdem thut man wohl, von Zeit zu Zeit frische Erlenbüsche in den Ecken des Geflügelstalles aufzustellen und zu befestigen, indem es thatsächlich erwiesen ist, daß sich das Ungeziefer des Geflügels sehr gern an die Zweige solcher Büsche ansetzt, wo es alsdann in Menge durch Wegtragen dieses Gebüsches aus den Stallungen entfernt wird.

6. Die sogenannte **Gliedergicht**, wobei das Thier so gewaltige Schritte macht, daß es mit dem Fuße den Schnabel erreicht, nach und nach auf den Beinen immer schwächer wird, bis es zuletzt nicht mehr gehen, sondern nur sitzen und liegen kann, ist vornehmlich den Individuen der Spätbruten eigen. — Diese Thiere sind noch nicht erstarkt genug, wenn die kalte Jahreszeit im Herbst eintritt und in Folge der Nässe und Kälte werden dieselben sehr oft von dieser Gliedergicht befallen; alle von mir angewandten Genesungsmittel blieben bis jetzt meist erfolglos; dabei frißt das Thier gut, ist im Körper sonst gesund, leicht zu mästen und zu schlachten. Wärme, Trockenheit und frühzeitige Bruten sind die sichersten Vorbeugungsmittel gegen diese Krankheit. Mit dem Schlachten darf man sich nicht übereilen, indem öfters im Sommer diese Krankheit von selbst vergeht und dann bei warmem Verhalten nicht wiederkehrt.

6. Der sogenannte **weiße Kamm**. Es ist dies ein allmäliges Entfärben des Fleischkammes, der sich von unten nach oben langsam mit einem weißlichen Staube bedeckt, welcher allmälig auch die Kehllappen ergreift, dann auf die Haut

des Halses übergeht, an welchem die Federn nach und nach absterben, und nur die todten Spulen stecken lassen. Wenn es so weit gekommen ist, erliegen sie gewöhnlich dem sich nun immer schneller ausbreitenden Uebel, das auch ansteckend zu sein scheint und als eine Art Exanthem zu betrachten ist. Denn es entsteht am meisten aus Ueberfütterung und aus Ernährung mit Erbsen und andern Hülsenfrüchten, weshalb denn eine angemessene, magere Diät und große Reinlichkeit die ersten Bedingungen zur Wiederherstellung sind.

Demnächst wird ein Mittel als unfehlbar gerühmt, nämlich eine Salbe, die aus einem Theile Curcuma-Pulver und vier Theilen Cocosöl bereitet und täglich einmal aufgestrichen wird. Geschieht dies gleich beim ersten Hervortreten des Uebels, so soll die Heilung schon nach den ersten drei Tagen erfolgen. Man darf aber nicht ein anderes Oel oder wohl gar thierisches Fett substituiren, denn solche Mischung wäre völlig erfolglos. Bei uns hat indessen die gewöhnliche Schwefelsalbe dieselben Dienste geleistet. Englische Aerzte wollen noch mehr Wirkung von dem innerlichen Gebrauch von Schwefelblumen (10 Gran) mit Calomel (1 Gran), einen Tag um den andern gegeben, rühmen.

7. **Vergiftung.** Daß die Hühner, wie überhaupt fast alle Vögel, einen stumpfen Geschmack haben und nicht kauen, sondern alles gierig hinunterschlucken, ist bekannt; allein dadurch vergiften sie sich auch zuweilen. Man muß sich daher in Acht nehmen, daß sie nicht an Petersilie oder deren Samen, bittere Mandeln, Kaffeebohnen, auch Kaffeesatz (welcher gewöhnlich in den Hof geschüttet wird) kommen, denn alles dieses wird von ihnen gierig hinuntergeschluckt; sie werden davon krank und sterben auch wohl, weil der Genuß der angeführten Gegenstände für sie ein Gift ist.

Da die Hühner sehr gern Fleisch fressen, so muß man

auch streng darauf sehen, daß vergiftete Ratten und Mäuse nicht auf den Hof geworfen werden; denn die Hühner zerhacken und fressen diese vergifteten Thiere und sterben unwiderruflich nach deren Genuß an Vergiftung.

Ueberhaupt rathe ich dazu, in jeder Geflügelzüchterei stets eine ziemliche Menge von Spießglanz vorräthig zu haben, da ein Stückchen Speck, in diesen getaucht, bei vielen, vornehmlich verstopfenden Krankheiten oft mit dem besten Erfolge angewendet wird.

Es ist allerdings wenig erfreulich, wenn man, von dem großen Nutzen, den das Geflügel zu gewähren vermag, überzeugt, in der Behandlungsweise kranker Individuen desselben noch so wenig unterrichtet ist. — Nicht minder unerfreulich ist es dem Sachkenner ferner, wenn man die Züchtung des Geflügels und die unvortheilhafte Einrichtung der Hühnerställe auf fast allen größeren Gütern Deutschlands kennt. Was das Letztere anbelangt, so kann bei so unzweckmäßiger Einrichtung der Hühnerställe, wie man solche meistentheils noch vorfindet, die Geflügelzucht nie gedeihen, indem das Geflügel in diesen Ställen während der Winterszeit in der Regel der Kälte zu sehr ausgesetzt ist, und woraus, in Verbindung mit der ungenügenden, unregelmäßigen Winterfütterung, viele Krankheiten, die eine große Anzahl von Geflügel hinwegraffen, ihren Ursprung haben.

Den Unterschied, den die Stallungen des Geflügels in den Englischen Geflügelzüchtereien sowohl, als auch die von mir eingerichteten Stallungen in Vergleich zu den auf den meisten Landwirthschaften befindlichen darbieten, ist zu groß, und wird dies aus vorliegender Schrift genugsam ersichtlich sein, sowie aber auch der große Nutzen, den in zweckmäßig eingerichteten Ställen das Geflügel giebt, hieraus hinreichend einleuchten wird.

Es ist meine Absicht nicht, die Vorzüge der Geflügelzucht über die Maßen anzupreisen, und jedem Unternehmer einer großen Geflügelzucht nur die vortheilhaften Seiten einer solchen vorzuführen. — Durch obige angeführte Krankheiten ist auch die Geflügelzucht, wie jede andere Viehgattung, mancher Gefahr ausgesetzt; nur kann bei einer großen Geflügelzüchterei, die mit Brutmaschinen versehen ist, selbst in dem größten Unglücksfalle, der ein solches Etablissement treffen kann — wenn nämlich alles Geflügel durch eine seuchenartige Krankheit dahingerafft wird — eine Geflügelzüchterei sich ohne großen Kostenaufwand durch sich selbst in viel kürzerer Zeit wieder in der Stärke der früher gezüchteten Exemplare herstellen, als dies bei jeder andern landwirthschaftlichen Viehhaltung der Fall ist.

Sechster Abschnitt.
Eier- und Federvieh-Handel und deren Consum.

Nach dem Beispiel von England und Frankreich haben sich auch in unserem deutschen Vaterlande im Jahre 1852 in Görlitz und 1855 in Dresden sogenannte hühnerologische Vereine gebildet, die sich die Aufgabe gestellt haben, zur Hebung der Hühnerzucht nach Kräften beizutragen, theils durch Importation und Acclimatisation neuer und vorzüglicher Racen, deren wirklicher Vortheil erkannt ist, theils durch Verbindung mit derartigen Vereinen des Auslandes.

Es ist wirklich ein recht erfreuliches Zeichen, daß eine ziemlich bedeutende Anzahl von Männern verschiedener Geschäftszweige zusammengetreten sind und sich zur Aufgabe gestellt haben, zur Verbesserung der Hühnerzucht gemeinschaftlich wirken zu wollen, und ist dies wenigstens ein sicheres Zeichen, daß einzelne, wenn auch im Verhältniß der Bevölkerung unseres deutschen Vaterlandes nur wenige Männer, die Wichtigkeit dieses landwirthschaftlichen Thierproductionszweiges vollkommen erkannt haben.

Es ist dies eine recht erfreuliche Wahrnehmung, aus der man sicher schließen kann, daß die Geflügelzucht in dem letzten Decennium schon Fortschritte gemacht hat und in der Zukunft noch bedeutenderen Fortschritten — wenn auch nur langsam — entgegengeht.

Wenn auch anfänglich die Bildung sogenannter hühnerologischer Vereine Vielen lächerlich erschien — es ist dies wenigstens mir sehr oft begegnet — so sind wir über diese Zeit hinweg, und wirklich die Sache ist auch zu wichtig.

Um dies zu beweisen, will ich in diesem Abschnitt vorliegender Schrift Jedem klar und deutlich vor die Augen führen, wie bedeutend der Handel in Eiern und Federvieh ist, um wie viel billiger und in wie viel kürzerer Zeit alle Hühnerarten fettzumachen sind, als alle übrigen landwirthschaftlichen Thiergattungen, mit wie verhältnißmäßig wenigem Anlage- und Betriebskapital dies möglich und mit wie geringem Risico ein solches Unternehmen verknüpft ist, um unter Hinweisung auf die Netto-Erträge, welche nicht nur Franzosen und Engländer, sondern auch Verfasser Dieses erzielt, klar und deutlich zu beweisen, daß bei verhältnißmäßig so geringen Geldkräften kein anderer Zweig der Landwirthschaft dem Besitzer so hohe Einnahmen zu gewähren vermag, als dies durch die Geflügelzucht möglich ist.

Von welcher Bedeutung aber die Eier und das Federvieh in Ansehung des Handels sind, der damit getrieben wird, ist aus nachstehenden statistischen Nachrichten, welche aus authentischer Quelle stammen, deutlich zu ersehen.

Die Stadt Wien gebraucht u. a. bei einer Bevölkerung von 430,000 Einwohnern jährlich fast 60 Millionen Stück Eier, also 1 Million Schock derselben, mehr als 80,000 Stück Hühner und Kapaunen und über 1,200,000 Stück Geflügel aller Art, als Hühner, Enten, Gänse, Tauben, Fasanen ꝛc. Und wenn es möglich wäre, noch mehr Geflügel daselbst zum Verkauf zu stellen, so würde auch diese Mehrzahl noch gekauft werden, denn der Consum in diesen Verkaufsartikeln wird lange nicht befriedigt. — Ebenso ist es mit anderen Hauptstädten, gleichviel ob solche im Orient oder Occident gelegen sind. — Z. B. nach Konstantinopel werden allein aus der Hafenstadt Varna jährlich mehr als 200,000 Stück Geflügel und mehr als 2,000,000 Stück Eier eingeführt, und ist diese Einfuhr aus der unmittelbaren Nähe der türkischen Hauptstadt noch viel bedeutender. Wie bedeutend der Consum in Eiern und Federvieh z. B. in Paris ist, wird daraus hervorgehen, daß unweit dieser Hauptstadt ein Herr de Sura ein Landgut besitzt, bei welchem er eine große Geflügelzüchterei und Mastung gegründet hat; aus diesem Etablissement, bei dem allein einige 70 Personen mit der Behandlung und Pflege des Geflügels beschäftigt sind, werden in der besten Legezeit wöchentlich circa 40,000 Dutzend Eier nach Paris geliefert. Es ist dies fast unglaublich, jedoch erklärlich, wenn man bedenkt, daß allein mehr als 100,000 Stück gemästetes Geflügel aus diesem großartigen Etablissement zum Verkauf nach Paris gebracht wird.

Wie schon gesagt, so bedeutend auch der Consum in diesen Verkaufsartikeln in jeder großen Hauptstadt ist, so wird er bis jetzt noch in keiner einzigen derselben vollständig befriedigt, indem es, trotz Eisenbahn und Schifffahrt, bis auf die Gegenwart noch nicht geschehen ist, daß von diesen Artikeln so viel zum Verkauf gebracht, als zu kaufen gesucht wird, und daß in den großen Hauptstädten die mittleren Klassen der Bevölkerung nur höchst selten Hühner und Kapaunen für ihren Tisch kaufen, wenn nicht sich ganz und gar den Genuß desselben — des hohen Preises halber — versagen.

Am bedeutendsten von allen Ländern aber ist der Verbrauch von Eiern und Federvieh verhältnißmäßig in England, wohin jährlich mehr als 200,000,000 Eier allein aus dem Auslande eingeführt werden. Die Engländer sind übrigens als Liebhaber von Eierspeisen in der ganzen Welt bekannt, und ihre Hauptstadt London steht hinsichtlich des Verbrauchs dieser Artikel unter allen Städten des Erdballes oben an, trotzdem im Verhältniß zur Anzahl der Bevölkerung dieser Hauptstadt z. B. der Consum an Eiern pro jeden einzelnen

Einwohner nicht bedeutend ist und jährlich nur etwa 70 Stück beträgt, während hier zu Lande der Verbrauch pro Person auf mehr als 160 Stück pro Jahr durchschnittlich gerechnet wird.

Berechnet man nun den Einkaufspreis pro 60 Stück nur zu 15 Sgr., so zahlt England allein an das Ausland für Eier jährlich 1 Million 6 bis 700,000 Thlr.

Wie aber aus den Preisen hervorgeht, welche Verfasser dieses für den Verkauf von Eiern in London erzielt, so kann man mit Sicherheit den doppelten oder dreifachen Betrag obiger Summe annehmen, welcher allein für Eier von England an das Ausland gezahlt wird.

Durch die erwähnten hühnerologischen Vereine sowohl, als auch durch Privatleute ist nun in neuester Zeit die Aufmerksamkeit der Liebhaber besonders auf vorzügliche Racen fremdländischer Hühnerarten hingelenkt, und durch deren Einführung ist diesem früher sehr vernachlässigten Zweige der Haus-, resp. Landwirthschaft in höherem Maße erneuertes Interesse zugewendet worden. Man trifft jetzt fast auf jedem Bauerhofe Hühnerarten, von denen man vor wenigen Jahren keine Ahnung, deren Namen man zuvor nie gehört hatte. Ueberall ist jetzt die Rede von Cochinchinahühnern, von Brahmabutra-, Tscherkessen-, Malayen-, Dorking-, von Französischen, Kukuks-, Poland-, Holländischen Sperber-, Prinz Albert-, Elephanten-, Pariser Pracht-, Irländer-, Himalaya-Hühnern, von Gold- und Silberbantams, von gelben, weißen und schwarzen Cochinchinahühnern, von Porto-Rico- oder Spanischen Hühnern, von Englischen und Französischen Zwerghühnern, Crèvecours u. s. w.

Der Handel, den diese Sucht nach dem Fremdländischen hervorgerufen, war gar nicht unbeträchtlich, da er sowohl in Betreff der Großartigkeit an Ausdehnung, als auch in Betreff der Preise für einzelne Hühnerarten wohl noch zu keiner Zeit zuvor eine solche Höhe erreicht haben mochte.

Allein jetzt ist — da fast Jeder schon ausländische Hühnersorten auf seinem Gehöft hat — welche allerdings meist nur Bastarde sind, mit dem Handel fremder Hühnersorten nicht mehr der Umsatz möglich, als vor einigen Jahren, und lohnt dies Geschäft nicht mehr so sehr, wiewohl echte Normal-Exemplare vornehmlich in England und Frankreich noch sehr theuer bezahlt werden.

Wer heut zu Tage Vortheil aus der Geflügelzucht ziehen will, der mag allerdings diese verschiedenen, fremdländischen Hühnerracen mit züchten, theils um sie bei etwaigen eingehenden Nachfragen zum Verkauf zu haben, theils um seiner Vorliebe hierfür Genüge zu leisten; vorzugsweise muß man aber in jetziger Zeit und für die Zukunft die Eierproduction und die Mastung von Federvieh — und zwar nicht mit Getreide allein, sondern mit Gewürm, Fleisch und Körnern — im Auge haben, weil hierdurch, wenn dieselbe en gros betrieben wird, unter allen Umständen mehr als 200 Prozent — oft aber einige hundert Prozent mehr — auf diese Weise durch das Geflügel ganz sicher erzielt werden.

Wenn wir sonst auch durchaus nicht uns in der Lage befinden, dem unnatürlichen Drange des Deutschen nach Fremdem, der bei anderen Nationen in verächtlicher Weise zum Sprüchwort geworden ist, das Wort zu reden, so verhält sich dies in Bezug auf die Importation neuer Hühnersorten, überhaupt in Bezug auf Acclimatisation von nützlichen Thieren und Gewächsen doch anders. Gereicht es einer Nation zur Schmach, ihren eigenen Gewerbefleiß und die daraus entstandenen Productionen denen anderer unterzuordnen und sie geringer zu schätzen, als jene, so kann es jeder Nation nur zur Ehre gereichen, und ganz besonders muß es in ihrem Interesse liegen, alle anerkannt nützlichen Naturerzeugnisse fremder Länder auch bei sich zu kultiviren und einzuführen zu suchen, denn gerade dadurch erhöht sie ihren Wohlstand und, was die Hauptsache ist, sie macht sich vom Auslande immer mehr unabhängig und hebt die eigene Industrie.

Was nun speciell die Hühnerzucht anbelangt, so war es dringendes Bedürfniß, neue fremdländische Hühnerracen einzuführen und zu züchten, da die vorhandenen Arten nirgends in reiner Race mehr vorgefunden wurden und durch wilde und unzweckmäßige Paarung sehr verschlechtert worden waren. — Durch übermäßige und falsche oder ohne die gehörige Sorgfalt vorgenommene Kreuzung waren thatsächlich unsere Hühner in ihrer ursprünglichen Kraft sowohl in Hinsicht ihrer Größe, als auch hinsichtlich des fleißigen Legens sehr geschwächt und erfüllten auch in Bezug auf die Fortpflanzung die an sie gestellten Anforderungen nicht, da sie zum Brüten nicht die gehörige Kraft und Ausdauer zeigten. Man hörte daher in den letzten Jahren die meisten Hühnerbesitzer darüber Klage führen, daß so sehr wenig Klucken sich zeigten, und daß unter diesen wiederum sehr viele ihrem Brutgeschäfte nicht in der gehörigen Weise oblagen. Da nun nicht alle Hühnerbesitzer in der Lage waren, die dazu weit befähigteren Truthühner zu verwenden, so wurde bei weitem nicht der erforderliche Bedarf an jungen Hühnern gezüchtet, da im Allgemeinen Brutöfen noch sehr wenig in Deutschland angetroffen werden und dieselben auch nur da mit Vortheil anzuwenden sind, wo die Geflügelzucht im Großen betrieben wird, indem bei kleineren Geflügelzüchtereien dieses künstliche Ausbrüten zu kostspielig zu stehen kommt. — Und doch liegt es sowohl im Interesse der Produzenten, als auch der Consumenten, daß die Geflügelzucht bedeutend stärker betrieben wird.

Es ist dies auch sehr gut möglich; denn es giebt Bauerhöfe, auf denen oft kaum ein Dutzend Hühner anzutreffen sind, auf denen aber ohne die geringste Beeinträchtigung der übrigen Zweige der landwirthschaftlichen Pflege Hunderte von Exemplaren sich bewegen könnten.

Legt man Gewürmgruben an, und füttert außerdem das Geflügel mit Fleisch abgängiger Thiere — sobald dies nämlich vorhanden ist —, so ist das Huhn mit nur geringen Kosten den ganzen Sommer hindurch durchzubringen, da es sich größtentheils sein Futter im Hofe selbst aufsucht und zwar auf dem Düngerhaufen, in den Ställen und hauptsächlich auch im Grasegarten. — Beim Einfahren des Getreides, beim Füttern der Schweine u. s. w. fällt aber so Mancherlei ab, was das fleißige Huhn — wenn es auch noch so verborgen herumliegt — emsig aufsucht und wodurch es sich ernährt. Sogar im Winter, wenn derselbe nicht gar zu streng und durch Eis und Schnee der Boden bedeckt ist, sucht sich das Huhn seine Nahrung theilweise selbst auf und fällt in dieser Zeit doch auch so manches Korn aus der Scheune, das sonst verloren gehen oder durch Sperlinge und andere Vögel entwendet werden würde.

Das hier Gesagte gilt also nur, um zu zeigen, daß verhältnißmäßig viel zu wenig Geflügel gezogen wird, und daß wenigstens auf jedem Bauergehöfte ein paar Mal so viel Geflügel gezogen werden könnte, als daselbst wirklich vorhanden ist. — Alsdann hat man nicht nöthig, so complicirte Einrichtungen zu treffen, als dies der Fall ist, wenn man eine große Geflügelzucht und Mastung gründen will. — Während bei etwa 100 Stück Geflügel in dem Kuh- oder Schafstalle so viel Platz in der Regel vorhanden ist, als zum Hühnerstall nöthig ist, hat man im letztern Falle, wenn Tausende von Geflügel gezüchtet und gemästet werden sollen, nöthig, hierzu ganz besondere, große Stallgebäude aufzuführen und diese während des Winters zu heizen; man wird aber auch in letzterem Falle Tausende von Thalern jährlich gewinnen, während man sich bei etwa 100 Stück Geflügel, bei rationeller Zucht und Behandlungsweise, mit vielleicht 100 Thalern begnügen muß.

Will man also bezwecken, daß die Hühner auch während des Winters Eier legen, wenn auch weniger, als im Sommer, will man sie überhaupt stets gesund und kräftig erhalten, so muß man auch im Winter eine angemessene Sorgfalt und Pflege denselben angedeihen lassen, und es nicht so machen, wie es die meisten Oekonomen und Landleute mit ihren Hühnern während dieser Jahreszeit zu machen pflegen. — Im Winter, denken sie, nützen ihnen diese Thiere nichts, da brauchen sie auch nichts oder doch nur so viel Futter, daß sie das Leben kärglich durchschleppen; dabei denken diese Leute aber nicht, daß diese geringe Fütterungsweise, sowie die schlechten Ställe, in denen diese Thiere meistentheils zu großer Kälte ausgesetzt sind, verbunden mit sorgloser Paarung, mit der Zeit den in jeder Hinsicht nicht vortheilhaften, gewöhnlichen kleinen Landhühnerschlag producirt hat, und daß in Zeit von zehn Jahren auf diese Weise auch die größeren neu eingeführten Hühnerracen nicht mehr Vortheil bieten werden, als der gewöhnliche Landhühnerschlag gewährt. Auf diese Weise kann also kein Fortschritt, sondern nur ein Rückschritt in der Hühnerzucht geschehen, und diesen letzteren zu verhüten, haben sich die sogenannten hühnerologischen Vereine zur Hauptaufgabe gemacht.

Diese Vereine wiesen bei ihrer Constituirung namentlich darauf hin, daß es fünf Jahre und großer Kosten bedarf, um einen Ochsen bis auf 1200 Pfd. zu mästen, während 1200 Pfd. Hühnerfleisch in 96 Tagen und mit weniger als den halben Kosten an Futter producirt werden könne, daß noch überdies die Nahrung für die Hühner den ganzen Sommer hindurch ohne große Kosten erzeugt wird. Die Eier, welche nebenbei noch gewonnen werden, und die in der That nicht den unwesentlichsten Theil des Nutzens, welchen die Hühnerzucht ergiebt, ausmachen, sind dabei noch ganz unberücksichtigt gelassen.

Vor allen Dingen ist daher bei Gründung einer Geflügelzucht ein zweckmäßig eingerichteter Stall erforderlich, der weder zu warm, noch aber zu kalt sein darf, und verweise ich hinsichtlich der Einrichtung auf die Beschreibung desselben bei der von mir eingerichteten großen Geflügelzüchterei im II. Abschnitt dieser Schrift.

Bei zweckmäßiger Einrichtung des Stalles ist man versichert, daß junge Hühner, die gut gehalten und gepflegt werden, auch während des Winters Eier legen. — Läßt man sie freilich ganz unbeachtet herumlaufen, ohne ihnen auch nur kümmerliches Fressen hinzuwerfen und für zweckmäßiges Saufen Sorge zu tragen, so kann man auch auf keinen Vortheil von ihnen rechnen; im Gegentheil, man wird, anstatt Freude und Nutzen von seiner Hühnerzucht, nur Aerger und Verdruß durch dieselbe haben, und das gewöhnliche Vorurtheil, daß nämlich die Hühnerzucht nichts einbringe, sondern dem Besitzer nur noch Kosten verursache, erscheint auf diese Weise sehr gerechtfertigt. Auf diese Art und Weise betrieben, bringt die Hühnerzucht allerdings wenig oder gar nichts ein. — Kein anderes Vieh aber wird die auf dasselbe verwendete Sorgfalt und Pflege so sehr anerkennen und belohnen, als gerade das fleißige Huhn, was sich durch die Netto-Einnahmen herausstellt, welche Englische und Französische Geflügelzüchter sowohl, als auch Verfasser dieses durch die von ihm gegründete große Geflügelzucht jährlich erzielt, und worauf ich wiederholt hinweise. (Siehe Abschnitt II. dieser Schrift.)

Wenn man schließlich nun den Geldpunkt und die Gefahr, also das geringe Kapital und das wenige Risico einer großen Geflügelzüchterei zu dem jedes anderen technisch und rein landwirthschaftlichen Zweiges in Erwägung bringt, so glaube ich, daß man mir beipflichten wird, wenn ich behaupte, daß es in jetziger Zeit keinen Zweig der Landwirthschaft giebt, der bei so geringem Kapital und Risico eine, wie oben angegeben, mehrere hundert-, ja sogar tausendprocentige Rente dem Besitzer zu gewähren vermag, als die Geflügelzucht.

Für alle Diejenigen, welche überhaupt eine gediegene, gute Schrift über Geflügelzucht sich verschaffen wollen, führe ich hier an: „Die Deutsche Uebersetzung des Poultrybook", von welcher Schrift, wie mir aus England mitgetheilt worden ist, durch den als Fachschriftsteller rühmlichst bekannten Engländer W. B. Tegetmeier Esq. eine neue Englische Ausgabe in Kürze erscheint, welcher hoffentlich auch bald eine neue Deutsche Uebersetzung folgen wird.

―――

Und somit schließe ich diese Schrift. — Männer, welche Erfahrungen im Geschäftsleben haben und Kenntnisse in der Geflügelzucht besitzen, werden finden, daß das in dieser Schrift Mitgetheilte auf Thatsachen beruht, die gegenwärtig bei der Hühnerzucht in Deutschland nur noch äußerst selten angetroffen werden, und daß keine große Sachkenntniß nöthig ist, um die hierin aufgestellten Regeln als vortheilhaft zu erkennen. — Mögen die hierin mitgetheilten Thatsachen die Aufmerksamkeit aller Derjenigen, welche, ohne Sachkenner dieses landwirthschaftlichen Zweiges zu sein, Interesse an der

Hühnerzucht nehmen, erregen! Möge überhaupt diese Schrift dazu beitragen, bei den Besitzern von Geflügelheerden mehr Nachdenken zu erregen, und Veranlassung geben, daß die Deutschen Landwirthe sich bewogen fühlen, der Geflügelzucht größere Aufmerksamkeit zu widmen, wie bisher geschehen, und möge sie nachahmungswerthe Beispiele dieser Art in unserem Deutschen Vaterlande hervorrufen.